中财传媒版 2023年资产评估师资格全国统一考试辅导系列丛书

资产评估基础
全国大模考

资产评估师资格考试辅导用书编写组　编

中国财经出版传媒集团
中国财政经济出版社

图书在版编目（CIP）数据

资产评估基础全国大模考 / 资产评估师资格考试辅导用书编写组编. --北京：中国财政经济出版社，2023.5

（中财传媒版 2023 年资产评估师资格全国统一考试辅导系列丛书）

ISBN 978-7-5223-2093-9

Ⅰ. ①资… Ⅱ. ①资… Ⅲ. ①资产评估-资格考试-习题集 Ⅳ. ①F20-44

中国国家版本馆 CIP 数据核字（2023）第 046269 号

责任编辑：闫　娟

资产评估基础全国大模考

ZICHAN PINGGU JICHU QUANGUO DA MOKAO

中国财政经济出版社 出版

URL：http://www.cfeph.cn

E-mail：cfeph@cfeph.cn

（版权所有　翻印必究）

社址：北京市海淀区阜成路甲 28 号　邮政编码：100142

营销中心电话：010-88191522

天猫网店：中国财政经济出版社旗舰店

网址：https://zgczjjcbs.tmall.com

北京时捷印刷有限公司印刷　各地新华书店经销

成品尺寸：185mm×260mm　16 开　7.75 印张　167 000 字

2023 年 5 月第 1 版　2023 年 5 月北京第 1 次印刷

定价：26.00 元

ISBN 978-7-5223-2093-9

（图书出现印装问题，本社负责调换，电话：010-88190548）

本社质量投诉电话：010-88190744

打击盗版举报热线：010-88191661　QQ：2242791300

前　言

为了帮助广大考生全面理解 2023 年资产评估师考试大纲和考试教材规定的内容，在有限的复习时间内掌握教材的重难点知识，顺利通过考试，中国财经出版传媒集团组织常年从事资产评估教学科研和考前辅导的名师、专家，编写本套"中财传媒版 2023 年资产评估师资格全国统一考试辅导系列丛书"。

该辅导丛书包括"精讲精练"和"全国大模考"两个系列，涵盖了 2023 年考试 4 个科目，即"资产评估基础""资产评估相关知识""资产评估实务（一）""资产评估实务（二）"。

精讲精练系列，紧扣考试大纲和考试教材，系统梳理考试重点难点，对教材变化分析总结，对重要知识点加以解析，辅以大量经典习题讲解。每章均集中安排了具有代表性和针对性练习题供考生练习，学练结合，帮助考生巩固掌握教材精髓。

全国大模考系列，是对原"全真模拟试题"系列的升级，更加注重机考实战。精心遴选设计 6 套全真模拟试题，进行热身训练，集中安排全国性模拟考试，完全仿真实际考试，通过实战训练，助力考生赢得考试。

资产评估师是与注册会计师、律师并驾齐驱的三大中介服务业之一。全新的考试政策，全新修订的考试科目和教材，对广大考生来说既是机遇也是挑战，希望广大考生在认真学习教材内容的基础上，结合本系列丛书正确理解和全面掌握应试知识点内容，顺利通过考试！

由于编者水平有限，加之编写时间仓促，书中错漏之处在所难免，恳请广大读者不吝指正。

Contents
目录

2023 年资产评估师资格全国统一考试《资产评估基础》大模考热身试卷（一）……… （ 1 ）

2023 年资产评估师资格全国统一考试 《资产评估基础》大模考热身试卷（一）
　　参考答案及解析 ………………………………………………………………… （ 11 ）

2023 年资产评估师资格全国统一考试 《资产评估基础》大模考热身试卷（二）……… （ 20 ）

2023 年资产评估师资格全国统一考试 《资产评估基础》大模考热身试卷（二）
　　参考答案及解析 ………………………………………………………………… （ 31 ）

2023 年资产评估师资格全国统一考试 《资产评估基础》大模考热身试卷（三）……… （ 40 ）

2023 年资产评估师资格全国统一考试 《资产评估基础》大模考热身试卷（三）
　　参考答案及解析 ………………………………………………………………… （ 51 ）

2023 年资产评估师资格全国统一考试 《资产评估基础》大模考热身试卷（四）……… （ 59 ）

2023 年资产评估师资格全国统一考试 《资产评估基础》大模考热身试卷（四）
　　参考答案及解析 ………………………………………………………………… （ 69 ）

2023 年资产评估师资格全国统一考试 《资产评估基础》大模考热身试卷（五）……… （ 78 ）

2023 年资产评估师资格全国统一考试 《资产评估基础》大模考热身试卷（五）
　　参考答案及解析 ………………………………………………………………… （ 88 ）

2023 年资产评估师资格全国统一考试 《资产评估基础》大模考热身试卷（六）……… （ 96 ）

2023 年资产评估师资格全国统一考试 《资产评估基础》大模考热身试卷（六）
　　参考答案及解析 ………………………………………………………………… （107）

2023年资产评估师资格全国统一考试
《资产评估基础》大模考热身试卷(一)

一、单项选择题（共30题，每题1分，共30分。每题的备选项中，只有一个最符合题意）

1. 以下行为中，涉及资产转让行为目的的法定评估是（   ）。
   A. 国有单位收购非国有资产
   B. 国有单位房地产抵押
   C. 国有单位对子公司非货币资产出资
   D. 上市公司发行股份购买资产

2. 下列关于《企业国有资产评估管理暂行办法》有关规定的表述，不正确的是（   ）。
   A. 国有企业收购非国有资产、与非国有单位置换资产等行为必须对相关非国有资产进行评估
   B. 该文件规定了各级国有资产监督管理机构负责其所出资企业的国有资产评估监管工作的管理体制
   C. 经政府或国有资产监督管理机构批准的无偿划转和国有独资企业内部独资企业间的资产变动行为需要单独进行评估
   D. 企业在发生改制、产权（资产）转让、以非货币资产对外投资、合并分立破产解散等经济行为时，应当对国有资产进行评估

3. 根据《资产评估法》第四十四条，对评估专业人员存在该法第十四条（除签署虚假评估报告之外）所列举的违法行为，规定了相应的法律责任。该条规定，评估专业人员违反规定，由有关评估行政管理部门予以警告，（   ）；有违法所得的，没收违法所得；（   ）；构成犯罪的，依法追究其刑事责任。
   A. 可以责令停止从业1年以上2年以下；情节严重的，责令停止从业2年以上5年以下
   B. 可以责令停止从业1年以上2年以下；情节严重的，责令停止从业3年以上5年以下
   C. 可以责令停止从业6个月以上1年以下；情节严重的，责令停止从业1年以上5年以下
   D. 可以责令停止从业6个月以上1年以下；情节严重的，责令停止从业2年以上5年以下

4. 下列关于《专业评估执业统一准则》（USPAP）（2020—2021）的表述，正确的是（   ）。

A. 职业规范部分包括对评估师遵守准则和操作声明作出规定，对评估师职业道德、胜任能力、客观性和披露提出要求

B. 职业规则包括职业道德、专业胜任能力、工作范围，档案保管和管辖除外规则

C. 准则委员发布咨询意见，咨询意见是指引性文件，是新的准则，或者是对现有准则的解释

D. 评估准则说明是经英国评估促进会的规定程序审定的，专门用于对 USPAP 内容的澄清、阐释和说明

5. 关于完全垄断市场，下列表述中，正确的是（   ）。

A. 在短期内，垄断厂商在生产规模不变的情况下，通过调整产量和价格，使边际收益等于短期边际成本，从而达到利润最大化

B. 完全垄断市场在现实经济生活中极为常见，为维护社会和消费者利益，大多数垄断企业的经营实际上会受到法律的规范和政府的支持

C. 完全垄断市场只有唯一的供给厂商，研究完全垄断市场，无助于分析垄断市场所形成的各种经济关系，把握政府、各市场参与主体的关系和行为

D. 完全垄断市场只有一个厂商，市场的需求曲线与垄断厂商的需求曲线不同，垄断厂商的需求曲线是向右上方倾斜的

6. 在国有资产评估报告中，采用成本法评估单项资产或者资产组合时，下列不属于评估技术应当说明的是（   ）。

A. 核实方法　　　　　　　　　B. 评估值确定的方法和结果
C. 资产负债的内容和金额　　　D. 企业经营、资产、财务分析

7. 以下关于产权持有人的表述，错误的是（   ）。

A. 产权持有人与评估委托人通常是同一主体

B. 资产评估对象一般受产权持有人控制

C. 当评估对象为股权时，"产权持有人"是指股权的拥有者

D. 当评估对象为所有者权益时，"产权持有人"是指所有者权益的拥有者

8. 对评估资料进行核查验证时，下列做法中，错误的是（   ）。

A. 对于来自不同资讯网站的数据或者研究成果，评估专业人员可以结合网站的知名度和权威性综合判断所获取的数据或者研究成果的可靠性

B. 对于询价资料、交易案例等资料，资产评估专业人员采用查询、查阅、核对等方式进行核查，应当将获取的结论形成书面记录

C. 有关政府部门、行业协会的资料，应当从其权威发布平台取得，一般可以视为具有权威性，可以直接引用

D. 对于直接从上市公司年报获取的数据资料，由于该数据资料已经经过注册会计师审计，资产评估专业人员可以直接采用

9. 小明与开发商谈判买房，开发商给出的分期付款条件为：年利率为10%，分6次还清，从第5年至第10年每年末偿还本息20万元。如果小明想知道当前一次性付款的价格，下列计算中，正确的是（   ）。
   A. 20×（P/A，10%，6）×（P/F，10%，4）
   B. 20×（P/A，10%，6）×（P/F，10%，3）
   C. 20×（P/A，10%，9）×（P/F，10%，3）
   D. 20×（P/A，10%，10）×（P/F，10%，4）

10. 如果供求定理成立，大豆减产在市场上的作用是（   ）。
    A. 大豆出口增加   B. 大豆质量提高
    C. 大豆价格上升   D. 大豆需求增加

11. 下列关于评估资料的收集、核查验证、分析、归纳整理的表述，错误的是（   ）。
    A. 评估专业人员采用询问方式进行核查验证时，被询问人拒绝签字或者拒绝以其他方式进行确认的，评估专业人员应当取得委托人的书面确认
    B. 对超出资产评估专业人员胜任能力的核查验证事项，资产评估机构可以委托或者要求委托人委托相关专业机构出具专业意见
    C. 资产评估专业人员采用书面审查的方式核查不动产权属证明资料的，应当查阅并核对评估对象的不动产权属原件、复印件是否一致
    D. 将核查验证后的评估资料按照可用性原则可以划分为可用性评估资料、有参考价值的评估资料、不可用评估资料

12. 依据市场结构理论，作为市场价格接受者的厂商是（   ）。
    A. 完全竞争厂商   B. 完全垄断厂商
    C. 垄断竞争厂商   D. 寡头垄断厂商

13. 下列词语中，比较适合描述资产评估目的的是（   ）。
    A. 拟转让公司持有的某公司股权   B. 拟大规模融资
    C. 拟重大资产重组   D. 拟了解公司价值

14. 下列关于资产评估报告的基本要求，表述错误的是（   ）。
    A. 资产评估专业人员应当以清晰和准确的方式对资产评估报告的内容进行表述，不得存在歧义或误导性陈述，不应引起报告使用人的误解
    B. 在资产评估机构履行内部审核程序后，资产评估报告应当由至少两名承办该项业务的资产评估专业人员签名并加盖资产评估机构印章
    C. 随着市场经济体制的逐步完善，市场主体对评估专业服务的需求也日趋多样化，这与以往评估报告单纯为国有企业和国有资产管理部门服务的状况有较大区别
    D. 无论评估报告使用人对评估专业知识知晓与否，其对相关法律法规、会计政策、被评估单位所处经营环境等方面是否了解不影响其对评估结论的正确理解

15. 某企业拥有一台大型机器设备，对企业生产经营有重大影响，已运行5年，按目前使用状态，预计可继续在原地运行10年。现该企业委托Z评估机构对该设备进行评估，则

Z 评估机构应选择的价值类型是（　　）。
  A. 投资价值　　　B. 市场价值　　　C. 清算价值　　　D. 在用价值

16. 下列关于资产评估程序的表述，错误的是（　　）。
  A. 资产评估程序是指执行资产评估业务所履行的系统性工作步骤
  B. 八项基本评估程序中，进行评估现场调查属于项目实施阶段的第一项工作
  C. 评估过程存在一定的主观判断，履行资产评估程序可以防范评估执业风险
  D. 资产评估专业人员可以凭执业经验减少一些评估程序

17. 根据《资产评估法》，下列关于资产评估的表述中，错误的是（　　）。
  A. 资产评估的主体是指资产评估业务的委托人
  B. 资产评估机构及其评估专业人员履行评估合同的劳动成果是资产评估报告
  C. 资产评估的客体是指动产、不动产、无形资产等资产评估的对象
  D. 资产评估是受依法订立的资产评估委托合同约束的专业服务

18. 关于资产评估的职业道德对签署评估报告的禁止性要求，下列表述中，错误的是（　　）。
  A. 资产评估专业人员如果在报告上签名，就表示该资产评估专业人员已经承办了相关评估工作，要承担相应的法律责任
  B. 资产评估专业人员不得签署本人未承办业务的资产评估报告，否则会给自己带来巨大的经济利益
  C. 签署虚假评估报告或者有重大遗漏的评估报告，违反了基本的诚实守信和勤勉尽责义务，是严重违反职业道德的行为，更为法律所禁止
  D. 资产评估机构和资产评估专业人员不得允许他人以自身名义开展资产评估业务，或者冒用他人名义从事资产评估业务

19. 按照效用价值论观点，下列表述中错误的是（　　）。
  A. 价值是商品的内在属性，并不是由人的主观评价形成的心理范畴
  B. 一种物品具有价值，必须满足有用性和稀缺性两个条件
  C. 效用价值论从需求的角度衡量物品的价值，这种价值分为主观价值和客观价值
  D. 人们可以用效用的大小而不是劳动价值衡量商品的价值，效用是价值的源泉

20. 已知某资产在 2023 年 1 月的交易价格为 500 万元，该类资产已不再生产，该类资产价格的变化情况如下：2023 年 1—5 月的环比价格指数为：103.6%、98.3%、103.5%和 104.7%，则评估对象在 2023 年 5 月的评估价值为（　　）万元。
  A. 551.8　　　B. 561.2　　　C. 468.5　　　D. 538.5

21. 关于资产的功能性贬值，下列表述中，错误的是（　　）。
  A. 资产的功能性贬值，是指由于外部条件的变化引起资产闲置、收益下降等而造成的资产价值损失
  B. 功能性贬值可能体现在由于采用新工艺、新材料和新技术等，而使被评估资产在原有方式下的建造成本超过现行建造成本

C. 在采用重置成本法评估资产市场价值时是否需要考虑功能性贬值应该主要看重置成本的确定中是否已经包含功能性贬值因素

D. 估算功能性贬值时，主要根据资产的效用、生产加工能力、工耗、物耗、能耗水平等功能方面的差异造成的成本增加或效益降低，相应确定功能性贬值额

22. 下列关于资产评估机构职业风险防范机制的表述中，正确的是（   ）。
A. 资产评估机构的董事会或类似权力机构有权决定是否建立职业风险防范机制
B. 资产评估机构的股东会或股东大会有权决定是否建立职业风险防范机制
C. 资产评估机构应建立职业风险基金并购买职业责任保险
D. 资产评估机构应建立职业风险基金或自愿办理职业责任保险

23. 关于资产评估报告结论的使用期限，下列表述中错误的是（   ）。
A. 由于实现资产评估所服务的经济行为具有时效性，对资产评估结论的使用也应该规定一个有效期
B. 超过评估报告有效期，评估报告的结论就很可能无法有效、合理地反映评估对象及其所对应的市场状况
C. 我国资产评估执业准则对评估结论使用有效期的规定，通常是以评估基准日为基础确定的
D. 通常，只有当评估基准日与资产评估报告日相距不超过一年时，才可以使用资产评估报告

24. 根据《资产评估法》，下列关于资产评估行业协会的有关表述中，错误的是（   ）。
A. 资产评估行业协会是由会员组成的、自我约束、自我管理、自我教育、自我服务的自律性组织
B. 资产评估行业协会依据资产评估基本准则制定资产评估执业准则和资产评估职业道德准则
C. 资产评估行业协会定期对会员出具的评估报告进行检查，按照章程规定对会员给予奖惩，并将奖惩情况及时报告有关评估行政管理部门
D. 资产评估行业按照专业领域设立全国性评估行业协会，根据需要设立县级以上地方性评估行业协会

25. 下列选项中，不属于资产评估经济技术原则的是（   ）。
A. 供求原则   B. 公正原则   C. 替代原则   D. 贡献原则

26. 根据《资产评估行业财政监督管理办法》的规定，对资产评估专业人员监督管理的主要内容，下列选项中错误的是（   ）。
A. 资产评估专业人员从事资产评估业务，应当加入资产评估机构，并且只能在一个资产评估机构从事业务
B. 资产评估专业人员应当与资产评估机构签订劳动合同，建立社会保险缴纳关系，按照国家有关规定办理人事档案存放手续
C. 未取得资产评估师资格的人员，不得签署法定资产评估业务资产评估报告，即使签署法定资产评估业务资产评估报告也无效
D. 加入资产评估协会但未加入特定机构执业的资产评估专业人员，无须履行章程规定的义务，无须与资产评估机构签订劳动合同

27. 根据劳动价值论的观点，下列关于商品的价值和使用价值二者之间的关系的表述，错误的是（ ）。
   A. 作为商品，必须同时具备使用价值和价值两个因素
   B. 商品的使用价值和价值二者不可同时兼得
   C. 具有使用价值的东西，一定有价值
   D. 没有使用价值的东西，一定没有价值

28. 某被评估设备重置成本为50万元，尚可使用年限与名义已使用年限均为5年，资产利用率为90%。则该设备的实体性贬值是（ ）万元。
   A. 21.38   B. 22.42   C. 23.69   D. 24.57

29. 关于货币时间价值常用的系数，下列表述中，正确的是（ ）。
   A. 复利终值系数与复利现值系数互为倒数
   B. 普通年金终值系数与普通年金现值系数互为倒数
   C. 预付年金终值系数与预付年金现值系数互为倒数
   D. 递延年金终值系数与递延年金现值系数互为倒数

30. 下列关于资产评估范围的表述，错误的是（ ）。
   A. 资产评估范围是对评估对象所进行的详细描述，是资产评估专业人员根据评估目的界定的对象资产边界
   B. 当资产组合的评估对象是资产组的权益时，其评估范围就是组成该资产组合的全部资产
   C. 资产评估范围应当依据法律法规的规定、实现评估目的要求，以及评估对象的特点合理确定，具体评估范围应由委托人负责确定
   D. 资产评估专业人员在执行资产评估业务时应当关注纳入资产评估范围的资产或者资产及负债是否与所服务的经济行为要求的评估范围一致

二、多项选择题（共15题，每题2分，共30分。每题的备选项中，有2个或2个以上符合题意，至少有1个错项。错选，本题不得分；少选，所选的每个选项得0.5分）

1. 下列关于资产评估价值类型的表述，正确的是（ ）。
   A. 价值类型对资产评估方法的选择具有一定的影响，价值类型实际上是评估价值的一个具体标准
   B. 明确评估价值类型，可以避免评估委托人和其他报告使用人误用评估结论，实现评估目的
   C. 清算价值指机器设备、房屋建筑物或者其他有形资产等的拆零变现价值估计数额
   D. 残余价值指将评估对象作为业务资产组的组成部分或者要素资产按其正在使用方式和程度及其对所属业务资产组的贡献的价值估计数额
   E. 在评估实务中，评估专业人员在选择投资价值时通常需要说明选择的理由以及所考虑投资价值包含的与市场价值区别的要素

2. 下列关于我国资产评估法律制度体系的表述，正确的是（ ）。
   A. 《证券法》主要规定了涉及股票和债券发行等业务，必须要进行评估，以及相关法律责任，是资产评估相关法律之一

B.《国有资产评估管理办法》主要规定对涉及国有资产产权变动等多种业务，必须要进行评估，属于财政部门规章

C.《资产评估行业财政监督管理办法》明确了行业监管的对象、内容、措施和法律责任，属于行政法规

D.《国有土地上房屋征收与补偿条例》主要规定对涉及房屋征收补偿等多种业务，必须要进行评估，属于行政法规

E.《中国资产评估协会章程》进一步完善了协会的职责定位，优化了协会的组织体系，属于资产评估行业自律管理制度

3. 进行现场调查时，更适合采用逐项调查的情形包括（　　）。
A. 评估范围内资产的数量多
B. 被评估的单项资产价值量大
C. 评估范围内资产的数量少
D. 资产的数目多且价值量小
E. 资产存在管理不善等风险

4. 下列选项中，不属于对资产评估独立性要求的是（　　）。
A. 在资产评估过程中，资产评估专业人员应当完整、客观地收集信息、数据
B. 资产评估机构、资产评估专业人员从事资产评估活动不受任何部门、社会团体、企业、个人等对资产评估行为和评估结论的非法干预
C. 资产评估机构及其资产评估专业人员不应当故意以牺牲一方的利益使另外的当事方受益
D. 资产评估机构及资产评估专业人员应当公正无私，摒除偏见，不为"偏见""谬误"所蒙蔽
E. 对非实物资产，资产评估专业人员应当根据资产的特征，通过有效的方法确定资产的客观存在，并取得评估所必需的客观信息

5. 根据供求理论，下列表述中正确的是（　　）。
A. 供给曲线是一条向右上方倾斜的曲线
B. 供给曲线是一条向右下方倾斜的曲线
C. 需求曲线是一条向右下方倾斜的曲线
D. 边际效用递减规律导致供给曲线向右下方倾斜
E. 边际效用递减规律导致需求曲线向右下方倾斜

6. 关于资产评估方法，下列表述中，正确的是（　　）。
A. 成本法是资产评估中最为基础的评估方法
B. 收益期限通常参考会计折旧年限，与会计折旧年限相同
C. 市场法通常被用于评估具有活跃公开市场且具有可比成交案例的资产
D. 成本法评估企业价值为可能的破产清算、资产分割提供了一定的价值参考
E. 对于轻资产企业，使用成本法评估得出的结果可能与收益法或市场法得出的结果差异极大

7. 下列关于有效市场理论的表述中，正确的是（　　）。
A. 资本市场的外在效率反映其运行效率，指市场的组织机构和服务设施，能否使交易者以最短时间和最低成本达成交易

B. 小公司效应表明：同等风险情况下，投资于小公司要比投资于大公司能获得更高的投资回报率

C. 对强式有效市场的检验原理是：基本分析对股票价格（收益）的预测是否有用，有用则意味着不支持强式有效市场假说

D. 有效市场理论要求，市场参与者之间不存在信息占有不对称、信息加工不同步、信息解释差异

E. 按照有效市场理论，有效市场不会出现股票收益的规律性现象，但实证研究中发现有时间效应等"特例"现象

8. 可以采用价格指数法估算资产的重置成本。下列表述中，正确的是（　　）。

A. 价格指数法所依据的历史成本应该是原始购置所发生的支出，仅考虑了价格变动因素，因而确定的是复原重置成本

B. 一项科学技术进步较快的资产，由于劳动生产率的变化，采用价格指数法估算的重置成本往往会偏低

C. 在既无法获得处于全新状态的评估对象的现行市价，也无法获得与评估对象相类似的参照物的现行市价时，可以利用价格变动指数计算评估对象的重置价值

D. 价格指数法的计算公式之一为：重置成本＝资产的历史成本×价格指数，价格指数可以是定基价格指数或环比价格指数

E. 价格指数法所依据的历史成本也可以是经过评估调整后的价格，但需要在评估报告中披露调整依据及调整方法

9. 关于资产评估报告标题及文号、目录、声明、摘要，下列表述中，正确的是（　　）。

A. 资产评估报告的标题格式要求是："企业名称+经济行为关键词+评估对象+资产评估报告"

B. 资产评估报告文号的格式要求是：包括评估机构特征字、种类特征字、年份、报告序号，如联华评报字（2023）第 23 号

C. 目录应当包括每一部分的标题和相应页码，如："一、委托人、被评估单位和资产评估委托合同约定的其他资产评估报告使用人……4"

D. 准则的要求仅是一般性声明内容，执行具体评估业务时，还应根据评估项目的具体情况，增加或细化声明内容

E. 《资产评估执业准则——资产评估报告》规定，资产评估报告摘要通常提供资产评估业务的主要信息及评估结论，该准则对这些主要信息的披露提出了具体的要求

10. 下列选项中，属于国际评估准则基本准则的是（　　）。

A. 《国际评估准则 101——工作范围》

B. 《国际评估准则 200——企业及企业权益》

C. 《国际评估准则 102——调查和遵循》

D. 《国际评估准则 104——价值类型》

E. 《国际评估准则 220——非金融负债》

11. 下列关于资产评估假设的表述，正确的是（　　）。

A. 评估专业人员需要把市场条件及影响资产价值的各种因素设定在某种状态下，资产

评估假设是资产评估结论成立的前提条件

B. 评估假设可以将一项资产交易价格的主要影响因素从实际中抽象出来，研究这些因素对交易价格的影响，提高评估的效率

C. 在原地使用假设下，其使用方式和目的可能不变，也可能会改变，原地使用的价值构成要素一般是设备的购置价格

D. 公开市场假设就是假定较为完善的公开市场存在，被评估资产将要在这样一种公开市场上进行交易

E. 有序清算假设是经营主体在其所有者有序控制下实施清算，是该经营主体不能持续经营需要清算的一种情况

12. 关于资产评估公正性的特点，下列表述中，正确的是（   ）。

A. 资产评估须按照法定的准则进行，具有公允的行为规范和业务规范，这是公正性的技术保证

B. 执业的资产评估机构及其评估专业人员应当是与资产业务及相关当事人没有利害关系的独立第三方，这是公正性的组织保证

C. 资产评估是由评估专业人员执行的估值中介活动，具有专业特长，这是公正性的人员保证

D. 资产评估开展广泛的国际合作与交流，在评估准则规范上与国际接轨，这是公正性的外部保证

E. 资产评估是由资产评估委托合同约束的专业活动，须履行合同义务，这是公正性的法律保证

13. 资产评估机构在明确资产评估基本事项的基础上，应当分析（   ），以确定是否受理资产评估项目。

A. 评估业务风险　　　　　　　B. 评估业务收费
C. 独立性　　　　　　　　　　D. 专业能力
E. 评估对象及服务

14. 下列因素中，属于资产评估专业人员选择评估方法时应当考虑的因素主要有（   ）。

A. 评估目的和价值类型　　　　B. 评估专业人员的执业经验
C. 评估对象　　　　　　　　　D. 评估方法的适用条件
E. 评估方法应用所依据数据的质量和数量

15. 关于资产评估基准日后的期后事项及其处理原则，下列表述中正确的是（   ）。

A. 资产评估基准日后的期后事项是指评估专业人员撤离评估现场后至评估报告日之间，被评估资产所发生的相关事项以及市场条件发生的变化

B. 评估结论是评估基准日的时点价值，期后事项是评估基准日之后发生的，不影响评估基准日的评估结论，评估人员无了解和披露义务

C. 资产评估机构及其评估专业人员需要采用适当的方式，对期后事项进行了解，并分析判断该事项和变化的重要性

D. 对于较重大的事项应该在评估报告中进行披露，并提醒报告使用者注意该期后事项对评估结论可能产生的影响

E. 如果期后发生的事项非常重大，足以对评估结论产生颠覆性影响，评估机构应当要求评估委托人更改评估基准日重新评估

三、综合题（共3题，第1题10分，第2题和第3题各15分，共40分）

1. 评估对象为一条2年前购置安装的生产线。据调查，该生产线目前还没有换代产品。评估专业人员经查验资料，确定该生产线账面原值为825.6万元，其中，购买价为800万元，运杂费11.6万元，安装费中直接成本10万元，间接成本为4万元。根据对同类型生产线的调查，现在购买价格比2年前上涨20%，运杂费上涨80%，安装费中直接成本上涨40%，间接成本占直接成本百分率不变。

要求：
（1）重置成本的估算方法主要包括哪些？
（2）重置核算法和价格指数法的区别有哪些？
（3）该设备的重置成本是多少？

2. 2017年10月，A公司由日本进口了某大型设备，2020年12月因生产计划调整导致该设备停产闲置，随后异地租赁给其他企业使用。2022年12月31日租赁期届满，因A公司无继续使用该设备的计划，而承租该设备的企业也无意续租，且不允许长时间存放该设备。A公司委托拍卖公司在该设备租赁地并在限定时间内对该设备进行拍卖处置，为此A公司委托B评估公司进行资产评估，为确定拍卖底价提供参考依据。

要求：
（1）本次评估的评估目的是什么？
（2）本次评估的评估对象和评估范围应当如何界定？
（3）如果评估专业人员采用市场价值，是否恰当？为什么？
（4）如果评估专业人员采用公开市场假设和持续经营假设，是否恰当？为什么？
（5）如果承办本次评估的专业人员为尽快完成评估业务，拟只采用成本法进行评估，计算公式：评估值=重置全价×成新率，根据公式计算结果确定评估值，是否恰当？为什么？

3. 希望公司系国有独资公司，2023年4月，拟进行增资扩股，该公司的股东委托W资产评估机构对希望公司进行价值评估。希望公司的主要资产是其所持有的M上市公司38%的股权，M上市公司经审计的最近会计年度每股净资产为9.9元。W资产评估机构在对希望公司进行资产评估时，拟采用市场法确定希望公司所持有的M上市公司38%股权的价值。

资产评估专业人员收集了M上市公司股票在评估基准日前30个交易日的交易数据，计算得到每日股票交易加权平均价格的算术平均值为每股11.8元，并拟以每股11.8元乘以希望公司持有M上市公司的股票数量作为希望公司所持有M上市公司38%股权的价值。对此，委托人认为，M上市公司存在尚未公开的利好内幕消息，可能对股票价格产生影响，因此，其所持有M上市公司38%股权的价值可能被低估。

要求：（1）应用市场法的前提条件是什么？请结合该前提条件分析在确定希望公司所持有的M上市公司38%股权的价值时选用市场法的适用性。

（2）根据有效市场理论，证券市场可以分为哪几种形态？在什么市场形态中，委托人将增资时机选择在内幕消息公开后更为有利？为什么？

2023年资产评估师资格全国统一考试《资产评估基础》大模考热身试卷（一）参考答案及解析

一、单项选择题

1.【答案】A

【解析】国有单位收购非国有资产属于涉及国有资产转让行为目的的法定评估，房地产抵押属于抵（质）押目的的评估，非货币资产出资行为和发行股份购买资产属于公司设立、增资目的的评估，因此选项A正确。

2.【答案】C

【解析】《企业国有资产评估管理暂行办法》规定，经政府或国有资产监督管理机构批准的无偿划转和国有独资企业内部独资企业间的资产变动行为可以不进行评估。选项C不正确，其他选项均正确。

3.【答案】C

【解析】《资产评估法》第四十四条对评估专业人员存在该法第十四条（除签署虚假评估报告之外）所列举的违法行为，规定了相应的法律责任。该条规定，评估专业人员违反规定，有下列情形之一的，由有关评估行政管理部门予以警告，可以责令停止从业六个月以上一年以下；有违法所得的，没收违法所得；情节严重的，责令停止从业一年以上五年以下；构成犯罪的，依法追究其刑事责任：①私自接受委托从事业务、收取费用的；②同时在两个以上评估机构从事业务的；③采用欺骗、利诱、胁迫，或者贬损、诋毁其他评估专业人员等不正当手段招揽业务的；④允许他人以本人名义从事业务，或者冒用他人名义从事业务的；⑤签署本人未承办业务的评估报告或者有重大遗漏的评估报告的；⑥索要、收受或者变相索要、收受合同约定以外的酬金、财物，或者谋取其他不正当利益的。

4.【答案】B

【解析】职业规范部分包括对评估师遵守准则和操作声明作出规定，对评估师职业道德、胜任能力、客观性和披露提出要求，属于RICS红皮书的职业规范部分内容，选项A错误；《专业评估执业统一准则》（USPAP）（2020—2021）中的职业规则包括职业道德、专业胜任能力、工作范围、档案保管和管辖除外规则，选项B正确；准则委员会发布咨询意见，咨询意见是指引性文件，咨询意见不是新的准则，也不是对现有准则的解释，不是 USPAP 的组成部分。咨询意见只用于说明 USPAP 在具体情况下的应用，并为业务争议和疑问提出解决建议，选项 C 错误；评估准则说明是经美国评估促进会的规定程序审定的，专门用于对 USPAP 内容的澄清、阐释和说明，选项 D 错误。

5.【答案】A

【解析】在短期内，垄断厂商在生产规模不变的情况下，通过调整产量和价格，使边际收益等于短期边际成本，达到利润最大化，选项 A 正确。完全垄断市场也只是一种极端的理论抽象，在现实经济生活中几乎不存在。为维护社会和消费者利益，大多数垄断企业的经营实际上会受到法律的规范和政府的管控，选项 B 错误。研究完全垄断市场，有助于分析垄断市场所形成的各种经济关系，把握政府、各市场参与主体的关系和行为，选项 C 错误。完全垄断市场只有一个厂商，市场的需求曲线也是垄断厂商的需求曲线，该曲线也是向右下方倾斜的，选项 D 错误。

6.【答案】D

【解析】企业经营、资产、财务分析属于采用收益法进行企业价值评估时的评估技术说明。

7.【答案】A

【解析】产权持有人与评估委托人不一定是同一主体，如：国有企业收购非国有资产，如果被收购方不同时作为委托人，评估委托人与评估对象的产权持有人则不是同一主体，因此，选项 A 错误。

8.【答案】D

【解析】对于直接从上市公司年报获取的数据资料，由于该数据资料已经经过注册会计师审计，资产评估专业人员在进行必要分析调整后可以直接采用。选项 D 错误，其他选项均正确。

9.【答案】A

【解析】本题本质上是求递延年金现值，用的公式是：$P=A \times (P/A, r, n) \times (P/F, r, m)$。题中年金是从第 5 年年末到第 10 年年末发生，递延期是 4 年，年金期数是 6 期，年金 A 是 20 万元。即 A=20 万元，r=10%，n=6，m=4。选项 A 正确。

10.【答案】C

【解析】在其他条件不变的情况下，需求的变动会引起均衡价格和均衡数量按相同方向发生变动；供给的变动则会分别引起均衡价格的反方向变动和均衡数量的同方向变动。大豆减产在市场上的作用是供给减少，价格会上升。

11.【答案】A

【解析】评估专业人员采用询问方式进行核查验证，应当形成询问记录，并要求询问人和被询问人对询问记录采用签字或者盖章等方式予以确认。被询问人拒绝签字或拒绝以其他方式进行确认的，评估专业人员应当在书面记录中注明。

12.【答案】A

【解析】在完全竞争市场上，有大量的买者和卖者。由于有众多的买者和卖者参与，相对于市场总需求量和总供给量，单一买者的需求量或单一卖者的供给量所占比例都很微小，都没有能力影响市场的生产（销售）数量和价格水平，只能被动地接受市场已形成的价格，而不能决定市场价格。

13.【答案】A

【解析】资产评估专业人员应根据委托人所描述的特定的经济行为，正确理解评估目的，在订立委托合同约定评估目的时，应尽量细化评估目的和用途，避免使用"融资""重组""拟了解公司价值"等比较笼统的词语作为评估目的。

14.【答案】D

【解析】无论评估报告使用人对评估专业知识知晓与否，其对相关法律法规、会计政策、被评估单位所处经营环境等方面都应有合理的了解，才能对评估结论有正确的理解。

15.【答案】D

【解析】如果评估专业人员在执行资产评估业务时，评估对象是企业或者整体资产组中的要素资产，并且在评估业务执行过程中只考虑这些资产延续评估基准日时的使用方式来确定其价值，评估专业人员需要选择在用价值类型。选项D正确，其他选项均错误。

16.【答案】D

【解析】评估准则规定资产评估机构及其资产评估专业人员可以根据评估业务的具体情况及重要性原则确定履行基本程序的繁简程度，但不得随意减少资产评估基本程序，选项D错误。

17.【答案】A

【解析】《资产评估法》规定，资产评估的主体是资产评估机构及其评估专业人员。选项A错误，其他选项均正确。

18.【答案】B

【解析】资产评估专业人员在自己未承办业务的评估报告上签名，不仅严重违背独立、客观、公正的职业道德规范，也给自己带来了巨大的责任风险。选项B错误，其他选项均正确。

19.【答案】A

【解析】效用价值论认为价值不是商品的内在属性，而是人的主观评价形成的一种心理范畴。选项A的表述是错误的，其他选项均正确。

20.【答案】A

【解析】根据题中条件，应用价格指数法评估。资产评估价值=500×103.6%×98.3%×103.5%×104.7%=551.8（万元）。

21.【答案】A

【解析】资产的功能性贬值是指由于技术进步引起的资产功能相对落后造成的资产价值

损失。选项 A 错误，其他选项均正确。

22.【答案】D

【解析】根据《资产评估行业财政监督管理办法》的相关规定，资产评估机构根据业务需要建立职业风险基金管理制度，或者自愿办理职业责任保险，完善职业风险防范机制。资产评估机构建立职业风险基金管理制度的，按照财政部的具体规定提取、管理和使用职业风险基金。选项 D 正确，其他选项均错误。

23.【答案】D

【解析】《资产评估执业准则——资产评估报告》第十条规定："通常，只有当评估基准日与经济行为实现日相距不超过 1 年时，才可以使用资产评估报告。"选项 D 错误，其他选项均正确。

24.【答案】D

【解析】评估行业按照专业领域设立全国性评估行业协会，根据需要设立地方性评估行业协会。资产评估行业的全国性协会为中国资产评估协会，各省、自治区、直辖市和计划单列市（青岛市除外）都设立了资产评估协会。选项 D 错误，其他选项均正确。

25.【答案】B

【解析】资产评估经济技术原则包括：供求原则、替代原则、预期收益原则、贡献原则、最高最佳使用原则、评估时点原则。而独立、客观、公正原则是资产评估工作原则。

26.【答案】D

【解析】加入资产评估协会的资产评估专业人员，平等享有章程规定的权利，履行章程规定的义务。选项 D 错误，其他选项均正确。

27.【答案】C

【解析】商品是使用价值和价值的对立统一体。一方面，二者是统一的，是互相依存、互为条件的。作为商品，必须同时具有使用价值和价值两个因素。另一方面，二者又是对立的，是互相排斥、互相矛盾的。任何商品在被生产出来的时候，都耗费了人类劳动，这种凝结在商品中无差别的一般人类劳动，就是商品的价值。一切商品之所以能够交换，就是因为商品里面各自凝结了等量的人类劳动，或者说具有等量的价值。商品的价值通过交换得到体现。选项 C 表述错误，具有使用价值的东西，如果不用来交换，就不能获得价值。其他选项均正确。

28.【答案】C

【解析】实体性贬值率=实际已使用年限/总使用年限=(5×90%)/(5+5×90%)=47.37%；实体性贬值=重置成本×实体性贬值率=50×47.37%=23.69（万元）。

29.【答案】A

【解析】$(1+r)^n$ 为复利终值系数，$\dfrac{1}{(1+r)^n}$ 为复利现值系数，二者互为倒数。

30.【答案】B

【解析】资产组合的评估范围一般是由组成该资产组合的资产构成，当资产组合的评估对象是资产组的权益时，其评估范围是组成该资产组合的全部资产与负债，选项 B 表述错误。

二、多项选择题

1.【答案】ABE
【解析】清算价值指在评估对象处于被迫出售、快速变现等非正常市场条件下的价值估计数额，选项 C 错误；残余价值指机器设备、房屋建筑物或者其他有形资产等的拆零变现价值估计数额，选项 D 错误。其他选项均正确。

2.【答案】ADE
【解析】《国有资产评估管理办法》属于行政法规，选项 B 错误；《资产评估行业财政监督管理办法》属于财政部门规章，选项 C 错误。其他选项均正确。

3.【答案】BCE
【解析】选项 A、选项 D 适用于抽样调查。

4.【答案】ACDE
【解析】选项 A、选项 D、选项 E 为客观性要求。选项 B 属于独立性。选项 C 属于公正性。

5.【答案】ACE
【解析】根据供求理论，由于供给量与市场价格成正比，"供给曲线"是一条向右上方倾斜的曲线，选项 A 正确，选项 B、选项 D 错误；由于需求量与市场价格成反比，"需求曲线"是一条向右下方倾斜的曲线。需求曲线向右下方倾斜，体现了边际效用递减规律。某种商品，拥有的数量越多，消费者从新增一单位的相同商品中所增加的效用满足感就越低，愿意为新增每单位商品所支付的代价也就越低。把整个消费者市场看作一个整体，随着商品购买数量的增加，市场愿意支付的价格自然就低，需求曲线就呈现向右下方倾斜的负斜率形式。选项 C、选项 E 正确。

6.【答案】ACDE
【解析】收益期限是指资产具有获利能力并产生资产净收益的持续时间。通常以年为时间单位。它由评估专业人员根据评估对象自身效能、资产未来的获利能力、资产损耗情形及相关条件以及有关法律、法规、契约、合同等加以确定。选项 B 错误，其他选项均正确。

7.【答案】BDE
【解析】资本市场的内在效率反映其运行效率，指市场的组织机构和服务设施，能否使交易者以最短时间和最低成本达成交易；资本市场的外在效率（又称信息效率）反映其资金配置效率，指资本市场价格能否及时迅速对市场信息作出反应。选项 A 错误。对强式有效市场的检验原理是：内幕消息是否有用。选项 C 错误。其他选项均正确。

8.【答案】ACD
【解析】价格指数法所依据的历史成本应当是原始购置所发生的支出，经评估调整后以及二手交易价格均不能作为该方法使用的依据，选项 A 正确，选项 E 错误；一项科学技术进步较快的资产，采用价格指数法估算的重置成本往往会偏高，选项 B 错误；在既无法获得处于全新状态的评估对象的现行市价，也无法获得与评估对象相类似的参照物的现行市价时，可以利用与资产有关的价格变动指数计算评估对象的重置价值选项 C 正确；重置成本=资产的历史成本×价格指数，选项 D 正确。

9.【答案】ABCD
【解析】《资产评估执业准则——资产评估报告》规定，资产评估报告摘要通常提供资产评估业务的主要信息及评估结论。但该准则没有对这些主要信息的披露提出具体的要求，实务中通常参考企业国有资产评估报告对"评估报告摘要"的披露要求撰写。因此，选项 E 不正确。其他选项均正确。

10.【答案】ACD
【解析】国际评估准则基本准则适用于所有的资产类型和评估目的，包括五个准则：《国际评估准则 101——工作范围》《国际评估准则 102——调查和遵循》《国际评估准则 103——报告》《国际评估准则 104——价值类型》《国际评估准则 105——评估基本途径和方法》，《国际评估准则 200——企业及企业权益》《国际评估准则 220——非金融负债》属于国际评估准则资产准则。

11.【答案】ABDE
【解析】在原地使用假设下，原地使用的价值构成要素一般包括设备的购置价格、设备运输费、安装调试费等。选项 C 错误，其他选项均正确。

12.【答案】AB
【解析】资产评估的公正性表现在两个方面：一是资产评估须按照法定的准则进行，具有公允的行为规范和业务规范，这是公正性的技术保证；二是执业的资产评估机构及其评估专业人员应当与资产业务及相关当事人没有利害关系，是相对独立的第三方，这是公正性的组织保证。

13.【答案】ACD
【解析】资产评估机构应当根据所了解的评估业务基本事项，对本机构专业能力、独立性和业务风险进行综合分析与评价。受理资产评估业务应当满足专业能力、独立性和业务风险控制的要求，否则不得受理。

14.【答案】ACDE
【解析】资产评估专业人员在选择资产评估方法时，应当充分考虑影响评估方法选择的因素。所考虑的因素主要包括：①评估目的和价值类型；②评估对象；③评估方法的适用条件；④评估方法应用所依据数据的质量和数量；⑤影响评估方法选择的其他因素。

15.【答案】ACDE
【解析】评估机构和评估专业人员需要采用适当的方式，对评估专业人员撤离评估现场后至评估报告日之间，被评估资产所发生的相关事项以及市场条件发生的变化进行了解，并分析判断该事项和变化的重要性，对于较重大的事项应该在评估报告中进行披露，并提醒报告使用者注意该期后事项对评估结论可能产生的影响；如果期后发生的事项非常重大，足以对评估结论产生颠覆性影响，评估机构应当要求评估委托人更改评估基准日重新评估。选项 B 错误，其他选项均正确。

三、综合题

1.【答案及解析】

（1）重置成本的估算方法主要包括重置核算法、价格指数法、功能价值类比法、统计分析法。

（2）价格指数法与重置核算法是重置成本估算较常用的方法，但二者具有明显的区别：①价格指数法估算的重置成本仅考虑了价格变动因素，因而确定的是复原重置成本，而重置核算法既考虑了价格因素，也考虑了生产技术进步和劳动生产率的变化因素，因而可以用来估算更新重置成本；②价格指数法建立在不同时期的某一种或某类甚至全部资产的物价变动水平上，而重置核算法则建立在现行价格水平与购建成本费用核算的基础上。

（3）计算直接成本：

购买价=800×（1+20%）=960（万元）。

运杂费=11.6×（1+80%）=20.88（万元）。

安装费中的直接成本=10×（1+40%）=14（万元）。

直接成本＝购买价＋运杂费＋安装费中的直接成本
　　　　＝960+20.88+14=994.88（万元）。

计算间接成本：

间接成本占直接成本的百分率＝4÷（800＋11.6＋10）＝0.5%

间接成本＝994.88×0.5%＝4.97（万元）。

计算重置成本：

重置成本=直接成本+间接成本
　　　　=994.88+4.97=999.85（万元）。

2.【答案及解析】

（1）本次评估的目的是确定 A 公司所拥有的某设备于评估基准日限期拍卖情况下的转让价值，为其拍卖处置该设备提供价值参考。

（2）本次评估的评估对象是拟拍卖处置的设备，属于常见的单项资产，但需注意资产评估中所述的"单项资产"，并不一定表示是"一项资产"，也可表示若干项以独立形态存在、可以单独发挥作用或以个体形式进行销售、转让和出租的资产。至于本次评估的评估范围，通常，当资产评估对象是单项资产时，评估范围是对该项资产边界的描述。据此，机器设备的评估范围通常要明确是否包含与设备本体相关的附件以及设备的基础、安装工程、附属设施等。本次评估的评估对象是拟变现处置的机器设备，评估范围可能只包括设备本体及附件，同时还要根据委托约定确定是否包括设备的拆除等费用。

（3）如果评估专业人员采用市场价值，是不恰当的。原因是：市场价值是在适当的市场条件下，自愿买方和自愿卖方在各自理性行事且未受任何强迫的情况下，评估对象在评估基准日进行公平交易的价值估计数额。市场价值强调："自愿买方"，指具有购买动机，没有被强迫进行购买的一方当事人；"自愿卖方"，指既不准备以任何价格急于出售或被强迫出售，也不会因期望获得被现行市场视为不合理的价格而继续持有资产的一方当事人；资产在市场上有足够的展示时间；"公平交易"，是指在没有特定或特殊关系的当事人之间进行的交易，即假设是在互无关系且独立行事的当事人之间进行的交易；买卖双方"各自理性行事"，指自愿买方和自愿卖方都合理地知道资产的性质和特点、实际用途、潜在用途以及评估基准日的市场状况，并假定当事人都根据上述知识为自身利益而决策，理性行事以争取在交易中为自己获得最好的价格。本题中的设备不准备续用，且不允许长时间存放，拟限期拍卖处置，不满足市场价值的条件。

（4）如果评估专业人员采用公开市场假设和持续经营假设，是不恰当的。原因是：公开市场假设是指资产可以在充分竞争的市场上自由买卖，其价格高低取决于一定市场的供给状况下独立的买卖双方对资产的价值判断。显然，限期拍卖处置，不满足公开市场假设的条件。另外，A公司无继续使用该设备的计划，而承租该设备的企业也无意续租，无法使用持续经营假设。

（5）如果承办本次评估的专业人员为尽快完成评估业务，拟只采用成本法，根据成本法的计算公式计算的结果确定评估值，是不恰当的。原因是：资产评估专业人员在选择资产评估方法时，应当充分考虑影响评估方法选择的因素。所考虑的因素主要包括：①评估目的和价值类型；②评估对象；③评估方法的适用条件；④评估方法应用所依据数据的质量和数量；⑤影响评估方法选择的其他因素。当满足采用不同评估方法的条件时，资产评估专业人员应当选择两种以上评估方法，通过综合分析形成评估结论。因适用性受限而选择一种评估方法的，应当在资产评估报告中披露其他基本评估方法不适用的原因；因操作条件受限而选择一种评估方法的，应当对所受的操作条件限制进行分析、说明和披露。

3.【答案及解析】

（1）应用市场法进行资产评估需要满足两个基本的前提条件：一是评估对象的可比参照物具有公开的市场，存在活跃的交易；二是有关交易的必要信息可以获得。希望公司所持有的M上市公司38%股权为上市公司股票，评估对象存在公开市场且交易活跃，能够获得M上市公司股票在评估基准日前30个交易日的交易数据，满足采用市场法评估的条件，适宜采用市场法评估。不过，值得注意的是，虽然收集了M上市公司股票在评估基准日前30个交易日的交易数据，计算得到每日股票交易加权平均价格的算术平均数为每股11.8元，有助于消除市场价格的异常波动，使得价格更具有代表性、合理性，但是由于存在尚未公开的利好内幕消息，可能对股票价格产生影响，因此，直接采用每股11.8元为基础进行评估可能是不合理的，还需要进一步考虑这种利好内幕消息对M上市公司股票价格可能产生的影响并进行适当调整。如果无法调整该内幕消息对M上市公司股票价格的影响，则不宜采用市场法。

（2）根据有效市场理论，依据证券价格对市场信息的反映程度，有效市场划分为弱式有效市场、半强式有效市场和强式有效市场三种形态。在市场没达到强式有效时，委托人将增资时机选在内幕消息公开后更为有利。因为在弱式有效市场，股票的市场价格已充分反映了股票所对应的历史价格信息，投资者无法利用股票的历史交易信息获得超额收益，但基本分析还可能对投资者有所帮助；在半强式有效市场，股票的市场价格已充分反映了全部已公开信息，投资者无法利用已公开信息获得超额收益，技术分析和基本分析都不再有效，但掌握内幕信息可能获得超额利润；在强式有效市场，股票市场价格已充分反映了已知的全部信息，投资者无法利用任何已知的信息获得超额收益，不仅任何分析手段都失效，甚至连垄断、利用内幕信息也无法获取超出投资对象风险水平之上的收益。所以，如果市场没有达到强式有效，有利于委托人的内幕消息不能体现在交易价格中，会使股票的交易价格偏低。利好内幕消息公布后，股票价格将上涨，增发相同数量的股票将会筹集到更多的资金。

2023年资产评估师资格全国统一考试
《资产评估基础》大模考热身试卷（二）

一、单项选择题（共30题，每题1分，共30分。每题的备选项中，只有一个最符合题意）

1. 下列关于资产评估客体的表述，错误的是（　　）。
   A. 资产评估的客体是指资产评估的对象
   B. 其他经济权益是可以用货币计量的经济权益
   C. 企业价值是就企业整体而言的，指企业整体价值
   D. 房屋拆迁等，可能对资产造成价值贬损，亦可成为评估客体

2. 资产评估程序包括：①编制出具评估报告；②收集整理评估资料；③订立业务委托合同；④进行评估现场调查；⑤明确业务基本事项；⑥编制资产评估计划；⑦评定估算形成结论；⑧整理归集评估档案。其正确的排序是（　　）。
   A. ⑤①②⑥⑦⑧③④　　　　　　　B. ③④⑤②①⑥⑦⑧
   C. ⑤③⑥④②⑦①⑧　　　　　　　D. ②⑥⑤⑦③④⑧①

3. 根据《资产评估行业财政监督管理办法》，下列有关资产评估机构备案管理的表述中，错误的是（　　）。
   A. 资产评估机构的备案信息不齐全或者备案材料不符合要求的，省级财政部门应当在接到备案材料5个工作日内一次性告知需要补正的全部内容
   B. 资产评估机构跨省级行政区划迁移经营场所，应当书面告知迁入地省级财政部门，并由迁出地的省级财政部门注销备案
   C. 资产评估机构合并应当办理合并变更手续，应当在协议中表明合并前资产评估机构资产评估业务、执业责任的承继关系
   D. 评估机构备案时，对于资产评估机构申报的资产评估师信息，省级财政部门应当在公开前向有关资产评估协会核实

4. 下列关于资产评估委托人的表述，错误的是（　　）。
   A. 委托人作为签订委托合同的民事主体，不一定是法人，也可以是自然人
   B. 涉及国有资产的评估，评估委托人一般应该是产权持有单位

C. 评估委托人有权自主选择符合《资产评估法》规定的评估机构
D. 评估委托人有权使用资产评估报告，因此造成损失的，可以要求评估机构赔偿

5. 根据《资产评估法》，对评估专业人员违反规定，签署虚假评估报告，情节较轻的，要承担（　　）。
   A. 行政责任　　　　B. 民事责任　　　　C. 刑事责任　　　　D. 赔偿责任

6. 下列各项中，不属于资产评估委托合同通常包括的内容的是（　　）。
   A. 主持项目的资产评估师的执业资格
   B. 合同当事人签字或者盖章的地点
   C. 资产评估报告使用范围
   D. 资产评估报告提交期限和方式

7. 关于资产评估专业人员与委托方和其他相关当事人的关系中，是否应当回避，下列表述正确的是（　　）。
   A. 承办资产评估业务的资产评估师三年前曾在委托单位任职，应主动回避
   B. 承办评估业务的资产评估师与委托单位的员工有借款关系，应当回避
   C. 承办评估业务的资产评估师的大学同学正在委托单位从事审计业务，应主动回避
   D. 承办评估业务的资产评估师的配偶在委托单位担任高级管理人员，应主动回避

8. 在运用收益法对资产进行评估时，下列对于有关参数的表述，错误的是（　　）。
   A. 收益期限是指资产具有获利能力并产生资产净收益的持续时间，通常以年为时间单位
   B. 当资产没有规定收益期限的，也可按其正常的经济寿命确定收益期，即资产能够给其拥有者带来最大收益的年限
   C. 投资报酬率=市场平均收益率+风险报酬率，风险报酬率是对风险投资的一种补偿，在数量上是指超过市场平均收益率之上的那部分投资回报率
   D. 资本成本加权法是以企业的各种资本在企业全部资本中所占的比重为权数，对各种长期资的资本加权平均计算出来的资本总成本

9. 某一时期内 A 商品的需求函数是 $Q_d=50-5P$，供给函数是 $Q_s=-10+5P$，Q_d 为需求量，Q_s 为供给量，P 为价格。A 商品的均衡价格与均衡数量分别为（　　）。
   A. P=5，Q=20　　　　　　　　　B. P=4，Q=10
   C. P=5，Q=15　　　　　　　　　D. P=6，Q=20

10. 资产评估目的根据评估所服务经济行为的要求确定。关于常见的资产评估目的，下列表述中，错误的是（　　）。
    A. 对有限责任公司用于折股的净资产进行评估评估的目的是确定企业用于折股的审计后净资产的市场价值，以核实其账面价值是否不高于其市场价值
    B. 诉讼协助评估，评估报告为当事人提供重要的专家意见，可以作为支持其相关诉讼要求的证据，一旦被法院采信，可以成为判决的依据
    C. 企业以非货币性资产对外出资，应当评估确认非货币性资产转让所得，评估目的是

为核定非货币资产计税申报价值的公允性提供资产价值参考

D. 国有的产权转让、资产转让、资产置换、非货币资产偿还债务，以及国有单位收购非国有资产等转让行为，所对应的评估目的是确定转让定价

11. 下列关于需求理论的表述中，正确的是（　　）。
A. 商品的需求量与其互补品价格呈同方向变化
B. "吉芬商品"是指其价格上升需求量也增加的具有炫耀性的商品
C. "凡勃伦效应"是指特殊低档商品价格上升需求量随之增大的现象
D. 商品的需求量与其替代品的价格呈同方向变动

12. 下列关于《资产评估法》的调整范围的表述，错误的是（　　）。
A. 资产评估的对象包括不动产、动产、无形资产、企业价值、资产损失或者其他经济权益
B. 资产损失评估包括自然灾害损失评估、侵权损失评估及保险公估等，保险公估的出现与保险市场的发展密不可分，是保险市场发展的必然产物
C. 从事评估活动的主体是评估专业人员，包括评估师和其他具有评估专业知识及实践经验的评估从业人员
D. 无形资产是指特定主体所拥有或者控制的、没有实物形态，能持续发挥作用且能带来经济利益的非货币性资产，包括专利权、商标权、著作权、商誉等

13. 下列关于资产评估基准日的表述中，错误的是（　　）。
A. 如果评估基准日选择的是过去的日期，而非评估工作日近期时点，这样的评估就属于追溯性评估
B. 对于上市公司发行股票购买资产等重大资产重组事项，资产评估基准日应该尽量与发行股票的定价日相近
C. 资产评估机构及其评估专业人员应当依据资产评估业务的特点与要求，恰当选择确定评估基准日
D. 评估结论的使用有效期是以评估基准日为基础确定的，超过有效期可能导致评估结论失效

14. 根据《国际评估准则500—金融工具》的规定，下列表述中正确的是（　　）。
A. 如果观察到的金融工具与被评估资产不相似，或者如果由于信息不是近期的导致相关度不高，则可能导致价格信息不可用
B. 评估师经常使用国际评估准则理事会以外的实体/组织定义的价值类型对金融工具进行评估
C. 利用收益途径评估时，为确定恰当的折现率，不需要评估该金融工具对时间价值和潜在附加风险的补偿
D. 金融工具是一种在特定的当事人之间形成的，为获得或支付股票期权或其他财务安排的权利或义务的合约

15. 下列关于资产评估档案的表述，错误的是（　　）。
A. 对电子或者其他介质形式的资产评估档案，资产评估机构应当在法定保存期限内妥

善保存

B. 资产评估档案涉及客户的商业秘密，评估机构、资产评估专业人员有责任为客户保密

C. 本机构评估人员需要查阅评估档案，应按规定与委托人沟通，取得委托人书面同意后办理借阅手续

D. 资产评估专业人员通常应当在资产评估报告日后 90 日内将工作底稿、资产评估报告及其他相关资料归集形成资产评估档案

16. 关于资产评估报告中评估方法的说明，下列表述中，错误的是（　　）。

A. 资产评估专业人员在选择评估方法时应当充分考虑影响评估方法选择的因素，资产评估报告应当说明所选用的评估方法名称、定义及选择理由

B. 在披露资产评估方法的运用情况时，需要在说明总体思路和主要评估方法的基础上，说明所选用的具体评估方法及其应用情况

C. 采用市场法的，应介绍估算公式，并对所涉及资产的重置价值及成新率的确定方法作出说明

D. 采用多种方法时，不仅要确保满足各种方法使用的条件要求和程序要求，还应当对各种方法取得的价值结论进行比较、分析、调整，确定最终评估结果

17. 迄今，有效市场理论并未被业界所有人士接受，围绕有效市场理论的争议也一直存在。对此，下列表述中，错误的是（　　）。

A. 罗尔夫·本茨研究发现，小规模组公司的股票具有相对高的收益率，说明股票收益率与公司大小有关，是有效市场理论研究中的特例现象

B. 时间效应、账面市值比效应是关于股票收益的规律性现象，这显然不符合市场有效假说中公平价格观点

C. 现实市场中的投资者并非都具有理性预期，具有不同预期的投资者使得市场价格在不断的随机波动中趋向均衡

D. 按照有效市场理论，股票价格应该反映所有可获得信息，股票价格可能是不公平的，有效市场可能出现股票收益的规律性现象

18. 正常情况下，一栋写字楼在某一时点的市场价值，不会高于此时点重新开发一栋同等效用写字楼的成本。这体现了资产评估的（　　）。

A. 客观原则　　　B. 贡献原则　　　C. 预期原则　　　D. 替代原则

19. 在完全竞争市场上，个别厂商的需求曲线是一条水平线，它表示（　　）。

A. 厂商可以通过改变销售量来影响价格

B. 厂商只能接受市场价格，而不能决定市场价格

C. 厂商可以通过联合其他厂商来改变市场价格

D. 厂商可以通过改进生产技术，获得经济利润

20. 在执行资产评估业务基本程序时，下列做法中，正确的是（　　）。

A. 资产评估计划需要考虑很多因素，一经确定，需要贯穿于评估全过程

B. 评估机构可以授权内部人员或分支机构签署资产评估委托合同

C. 评估过程中，可以直接使用从委托人处获得的资产评估资料

D. 在充分考虑现实条件的情况下，选用一种最优的评估方法进行评估

21. 某人拥有一套 180 平方米的高档复式住宅，欲向有意向的购买者出售该住宅。现委托评估机构评估该住宅的价值，则评估机构应选择的价值类型是（　　）。
    A. 投资价值　　　　B. 市场价值　　　　C. 清算价值　　　　D. 在用价值

22. 下列资产评估准则中，属于实体性准则的是（　　）。
    A. 《资产评估执业准则——资产评估档案》
    B. 《资产评估执业准则——资产评估委托合同》
    C. 《资产评估执业准则——森林资源资产》
    D. 《资产评估执业准则——资产评估报告》

23. 某被评估设备生产能力为 55000 件/年，参照设备生产能力为 50000 件/年，重置成本为 12000 元。设规模经济效益指数为 0.7，估测该设备的重置成本为（　　）元。
    A. 11148　　　　B. 12828　　　　C. 16848　　　　D. 18628

24. 生产销售同样的商品，不同的生产者有赚有赔，从劳动价值论来看，其根本原因在于（　　）。
    A. 生产技术条件及材料不同　　　　B. 所售商品的价格不同
    C. 所耗费的个别劳动时间不同　　　　D. 所耗费的社会必要劳动时间不同

25. 财政部印发的《关于中央文化企业国有资产评估管理的补充通知》（财文〔2017〕93 号）明确，中央文化企业国有资产评估项目备案实行分级管理。经中央文化企业及其各级子企业批准经济行为的事项涉及的资产评估项目，由（　　）负责备案。
    A. 财政部　　　　B. 中国资产评估协会
    C. 中央文化企业　　　　D. 中央文化企业及其各级子企业

26. 某债券的票面利率为 6%，期限为 5 年。下列计息方式中，对于投资者最有利的是（　　）。
    A. 每年计息一次，单利计息　　　　B. 每半年计息一次，复利计息
    C. 每个季度计息一次，单利计息　　　　D. 每个月计息一次，复利计息

27. 关于"破产清算"，下列表述中，错误的是（　　）。
    A. "破产清算"是通过公权力，即人民法院介入的企业清算情形之一，亦属"强制清算"，由《破产法》管辖
    B. "破产清算"是企业不能盈利，人民法院在受理企业或债权人的申请并宣告债务企业破产后所进行的清算
    C. "破产清算"由破产管理人拟订破产财产分配方案，该方案经债权人会议通过后报经人民法院裁定认可，再由破产管理人执行
    D. 破产管理人可以由有关部门、机构的人员组成的清算组或者依法设立的律师事务所、会计师事务所、破产清算事务所等社会中介机构担任

28. 下列选项中，与普通年金终值系数互为倒数的是（　　）。
    A. 预付年金现值系数　　　　B. 普通年金现值系数

C. 资本回收系数　　　　　　　　D. 偿债基金系数

29. 在运用价值比率法对企业价值进行评估时，下列表述错误的是（　　）。

A. 由于企业存在规模、营利能力等方面的差异，将一个企业整体与另外一个企业比较一般不具有可比性

B. 根据所选取的可比参照物不同，评估企业价值的市场法分为"上市公司比较法"和"交易案例比较法"

C. 运用价值比率法评估企业价值，在选取价值比率时，轻资产企业不宜选择与收益类相关的价值比率

D. 当采用股权口径指标进行对比分析时，通常会要求参照物的资本结构要相同或相似，否则被评估企业与参照物之间的股权口径指标可能会不可比

30. 如果评估专业人员未能履行或未能恰当履行现场调查程序，仅根据企业申报资料进行评估，将可能出现的后果是（　　）。

A. 评估结论不能完全反映企业资产价值，导致评估结论不合理，评估业务质量受到影响

B. 评估对象和评估范围与经济行为不匹配，对评估对象和评估范围界定错误，形成不正确的评估结论

C. 委托人不能对评估人员履行正当评估程序给予必要的理解、尊重和配合，难以保障资产评估业务质量

D. 完全按照现状持续经营假设参考标的企业的历史数据预测未来，将大大减轻资产评估的工作量，提高评估业务的效率

二、多项选择题（共 15 题，每题 2 分，共 30 分。每题的备选项中，有 2 个或 2 个以上符合题意，至少有 1 个错项。错选，本题不得分；少选，所选的每个选项得 0.5 分）

1. 评估实践中存在特殊委托业务。关于特殊委托，下列表述中，正确的是（　　）。

A. 司法鉴定或其他特殊业务建立评估委托关系所采用的文书并不一定使用资产评估委托合同的形式

B. 对于司法执行中确定财产处置参考价的评估业务，其委托关系的凭证即为人民法院的评估委托书，而无须签订资产评估委托合同

C. 人民法院通过询价评估系统向所确定的评估机构发送评估委托书，评估机构收到该评估委托书，双方即建立司法评估委托关系

D. 针对实践中存在的特殊业务，特殊委托业务通常为法定评估业务，资产评估委托合同准则规定，以其他形式建立委托关系的应符合法律要求

E. 针对实践中存在的这些特殊业务，资产评估委托合同准则规定，以其他形式建立委托关系的应符合法律要求

2. 下列关于法定评估业务的表述，正确的是（　　）。

A. 委托人应当依据《资产评估法》及有关法律、法规和规章选择符合法定条件的评估机构评估

B. 法定评估业务的评估报告必须由两名承办评估业务的评估专业人员签署，其中至少应有一名资产评估师

C. 法定评估业务的评估档案应当及时向档案管理人员移交，并由所在评估机构按法定期限保存，期限为不少于 20 年

D. 《证券法》规定需要评估的，应当依法委托评估机构评估，不能直接委托评估专业人员进行评估

E. 涉及国有资产或者公共利益等事项，法律、法规规定需要评估的，至少应有两名相应专业类别的资产评估师承办业务

3. 根据供求理论，下列属于影响商品供给的主要因素的是（　　）。
   A. 该商品的生产成本　　　　　　　B. 政府对该商品的政策
   C. 该商品的生产技术水平　　　　　D. 该商品的自身价格
   E. 消费者对该商品未来的预期

4. 在劳动价值论下，价值规律的作用主要表现在（　　）。
   A. 促进生产者进行技术创新，提高劳动生产率
   B. 劳动生产率水平不同的生产者在市场中地位不同，实现优胜劣汰
   C. 自发调节生产资料和劳动力在社会各部门之间的分配
   D. 劳动生产率高的生产者可以多获利润，从而刺激生产者的积极性
   E. 鼓励生产者公平竞争获取利润，从而提高全社会的福利水平

5. 《企业国有资产评估报告指南》对国有资产评估报告中资产、负债科目的评估明细表的格式和内容提出了要求。下列表述中，正确的是（　　）。
   A. 评估明细表表头应当含有资产或负债类型（会计科目）名称、被评估单位、评估基准日、表号、金额单位、页码
   B. 评估明细表表尾应当标明被评估单位填表人员、填表日期和评估专业人员
   C. 评估明细表按会计明细科目、一级科目逐级汇总，并编制资产负债表（方式）的评估汇总表及以人民币元为金额单位的评估结果汇总表
   D. 会计计提的减值准备在相应会计科目（资产负债类型）合计项下和相关科目汇总表中列示
   E. 评估结果汇总表应当按以下顺序和项目内容列示：非流动资产、流动资产、资产总计、非流动负债、流动负债、负债总计、净资产等类别和项目

6. 下列关于我国资产评估行业发展情况的表述，正确的是（　　）。
   A. 截至 2022 年底，全国资产评估机构有 6500 多家
   B. 中国资产评估协会和地方协会构成了完整的行业自律管理组织体系
   C. 我国资产评估行业在基本理论与原理、基本评估方法等方面与国际评估行业保持趋同
   D. 中国资产评估协会的代表在多个重要国际评估组织担任要职
   E. 截至 2022 年底，执业资产评估师有 69875 人

7. 对已经审计的财务报表及其附注进行核查，常用的核查方式有（　　）。
   A. 询问　　　　　　　　　　　　　B. 查询
   C. 书面审查　　　　　　　　　　　D. 分析
   E. 复核

8. 我国《刑法》有关于刑事责任追诉时效的规定。下列表述中，正确的是（ ）。

   A. 法定最高刑为不满五年有期徒刑的，经过五年

   B. 法定最高刑为五年以上不满十年有期徒刑的，经过十年

   C. 法定最高刑为十年以上有期徒刑的，经过二十年

   D. 法定最高刑为无期徒刑的，经过三十年

   E. 法定最高刑为死刑的，经过四十年

9. 下列选项中，属于资产评估基本事项的是（ ）。

   A. 评估目的   B. 价值类型
   C. 评估计划   D. 评估程序
   E. 评估基准日

10. 关于价值类型的理解，下列表述中，正确的有（ ）。

    A. 某火电厂需要关停，发电机组不能异地使用，评估时可选择清算价值类型

    B. 在用价值实际上并不是一种资产在市场上实际交易的价值，而是计量交易价值的一个方面

    C. 某海滨酒店收购邻近的海滨浴场，考虑协同效应，评估时应当选择投资价值

    D. 某国有企业计划收购一家韩国上市公司，评估时应当选择韩国证券交易市场的市场价值

    E. 当选择清算价值时，评估对象一般都是处于有序清算过程中

11. 成本法下，通常需要估测资产的实体性贬值。关于实体性贬值，下列表述中，错误的是（ ）。

    A. 资产的实体性贬值是指资产由于使用及自然力的作用导致的资产的物理性能的损耗或下降引起的资产价值损失

    B. 资产实体性贬值率 = $\dfrac{资产实体性贬值}{资产重置价值} \times 100\%$

    C. 当资产利用率<1时，表示资产超负荷运转，资产实际已使用年限比名义已使用年限要长

    D. 尚可使用年限是根据资产的有形损耗因素，预计资产的继续使用年限

    E. 实际已使用年限，是指资产从购进使用到评估时的年限

12. 在运用成本法对资产进行评估时，下列表述错误的是（ ）。

    A. 修复费用法是利用恢复资产功能所支出的费用金额来直接估算资产实体性贬值的一种方法

    B. 资产的功能性贬值是指由于技术进步引起的资产功能相对落后而造成的资产价值损失

    C. 资产的经济性贬值是指由于外部条件的变化引起资产闲置、收益下降等造成的资产价值损失

    D. 因收益额减少导致的经济性贬值额＝资产年收益损失额×（P/A, r, n）

E. 总使用年限＝名义已使用年限＋尚可使用年限

13. 下列关于《国际评估准则 104——价值类型》对市场价值的规定，理解正确的是（   ）。

A. 市场价值是评估基准日市场上能够合理地取得的符合市场价值定义的最可能价格

B. 市场价值概念是假定在公开的、竞争性市场经协商达成价格，参与者都是行为自由的，通常高于投资价值

C. 市场价值既是卖方能够合理获取的最好售价，也是买方能够合理取得的最有利价格

D. 市场价值将反映资产最高最佳使用，这可能是资产现有用途的延续或某些其他用途，它是由市场参与者在确定报价意向价格时可能考虑的资产用途决定的

E. 市场价值不是反映资产对于特殊所有者或特殊买方可行，而对市场上其他买方不可行的价值属性

14. 在使用收益法评估资产价值时，下列关于折现率的表述中，正确的有（   ）。

A. 折现率是一种期望投资报酬率

B. 不同行业资产的风险报酬率应大致相同

C. 折现率由无风险报酬率和风险报酬率组成

D. 通常将上市债券收益率当作没有风险的报酬率

E. 无风险报酬率是任何投资者都可以投资并能够获得的报酬率

15. 关于现状利用假设，下列表述中，正确的是（   ）。

A. 现状利用假设要求对一项资产按照其目前的利用状态及利用方式进行价值评估

B. 被评估资产的现状利用方式直接影响评估结果，现状利用方式应当是最佳使用方式

C. 现状利用假设一般在资产只能按照其现实使用状态评估时选用

D. 土地使用权评估中，若土地权利人无权改变土地用途，则只能按照现状利用假设评估

E. 由于资产评估结论是在假设基础上作出的，评估报告使用人已经了解，评估专业人员不必另作披露

三、综合题（共3题，第1题10分，第2题和第3题各15分，共40分）

1. 被评估设备于 2013 年年初投产，账面原值 180000 元，2018 年年初对设备进行了技术改造，追加技改投资 50000 元，2023 年年初对该设备进行评估。根据评估专业人员的调查、检查、对比分析，得到以下数据：

（1）从 2013 年年初至 2023 年年初，每年的设备价格上升率为 12%；

（2）该设备的月人工成本比替代设备超支 2000 元；

（3）被评估设备所在企业的正常投资报酬率为 8%，规模效益指数为 0.7，所得税率为 25%；

（4）经技术检测该设备尚可使用 5 年。该设备自投产以来，利用率在 50% 左右，预计今后将满负荷工作。

要求：估算被评估设备的重置成本、实体性贬值、功能性贬值、经济性贬值及被评估设备的评估值。

2.Z资产评估机构接受委托对A企业股权收购涉及的B航空公司的股东全部权益价值进行评估。

为了更加方便地执行资产评估程序，评估对象和评估范围由Z资产评估机构专业评估人员确定。在之后执行现场调查程序的过程中，由于A企业未提前通知B航空公司，在进行现场调查时，B航空公司拒绝评估人员进入，现场调查受阻，后来经过A企业的交涉，现场调查程序得以继续进行。由于B航空公司资产和权益的特殊性，评估人员在评估过程中引用了会计师事务所的审计报告、专家对飞行器性能的检测报告，但是评估人员没在评估报告特别事项中对引用相关数据进行说明。在提交评估报告之前，Z资产评估机构就评估结论的一些内容与A企业进行了适当沟通，最终按时提交了资产评估报告。

要求：

（1）请指出在该评估案例中，Z资产评估机构和A企业的行为存在的不合理之处，并说明理由。

（2）请简述资产评估的基本事项。

（3）请简述本评估涉及的评估范围。

3. 甲公司为国有独资化工生产企业，因环保政策等被政府要求关停，厂房、设备等要拆除。国有资产管理部门授权甲公司对设备限期拍卖处置。委托某评估机构评估，其拟出具的评估报告如下（节选）：

（一）序言（略）

（二）评估委托人（略）

（三）评估目的

甲公司因环保政策等被政府要求关停，厂房、设备等要拆除，设备需要限期拍卖处置。评估目的是确定拟拍卖处置设备的价值，为拍卖处置定价提供参考。

（四）评估对象及范围

评估对象为拟拍卖处置的设备，评估范围为设备及其附属安装基础设施。

（五）价值类型

市场价值。

（六）评估假设

1. 交易假设。

2. 持续经营假设。

3. ……

（七）评估方法

1. 成本法。

2. 市场法。

……

（八）评估依据

1. 准则依据。

2. ……

（九）评估结论

设备账面价值为 6000 万元，成本法结果为 3500 万元，减值 2500 万元，减值率为 42%；市场法结果为 2800 万元，减值 3200 万元，减值率为 53%。采用成本法结果。

（十）其他

……

（十一）签章（略）

与甲公司沟通时，甲公司提出变现困难，要求调低评估值 5%。评估师将评估结果调低 5%，并作说明：委托人认为变现困难，将评估结果调低 5%。

问题：

（1）指出评估报告中的不合理之处，并说明理由。

（2）出具评估报告前，是否可以沟通？为什么？

（3）将评估结果调低 5%，是否恰当？为什么？

2023年资产评估师资格全国统一考试《资产评估基础》大模考热身试卷（二）参考答案及解析

一、单项选择题

1. 【答案】C

【解析】作为评估客体的企业价值，是指企业整体价值、股东全部权益价值或股东部分权益价值，选项C错误。

2. 【答案】C

【解析】依据《资产评估法》，财政部制定发布了《资产评估基本准则》，明确规定资产评估机构及其资产评估专业人员开展资产评估业务，需要履行八大基本评估程序，即明确业务基本事项、订立业务委托合同、编制资产评估计划、进行评估现场调查、收集整理评估资料、评定估算形成结论、编制出具评估报告、整理归集评估档案。

3. 【答案】B

【解析】资产评估机构跨省级行政区划迁移经营场所，应当书面告知迁出地省级财政部门。迁入地省级财政部门办理迁入备案手续后通知迁出地的省级财政部门，迁出地的省级财政部门应同时予以公告。选项B错误，其他选项均正确。

4. 【答案】D

【解析】评估委托人应当按照法律规定和评估报告载明的使用范围使用评估报告，不得滥用评估报告及评估结论，委托人或者其他资产评估报告使用人违反规定使用资产评估报告的，资产评估机构及其资产评估专业人员不承担责任。选项D错误。

5. 【答案】A

【解析】对评估专业人员违反规定，签署虚假评估报告的，《资产评估法》第四十五条规定：由有关评估行政管理部门责令其停止从业2年以上5年以下；有违法所得的，没收违法所得；情节严重的，责令其停止从业5年以上10年以下；构成犯罪的，依法追究其刑事责任，终身不得从事评估业务。选项A正确，其他选项均错误。

6. 【答案】A

【解析】资产评估委托合同通常包括下列内容：①资产评估机构和委托人的名称、住所、联系人及联系方式；②评估目的；③评估对象和评估范围；④评估基准日；⑤资产评估报告使用范围；⑥资产评估报告提交期限和方式；⑦评估服务费总额或支付标准、支付时间及支付方式；⑧资产评估机构和委托人的其他权利和义务；⑨违约责任和争议解决；⑩合同当事人签字或者盖章的时间；⑪合同当事人签字或者盖章的地点。

7. 【答案】D

【解析】在评估中，资产评估专业人员与委托人或其他相关当事人之间存在以下利害关系时，应当向其所在评估机构提出声明，并实行回避：①持有客户的股票、债券或与客户有其他经济利益关系的；②与客户的负责人或委托事项的当事人有利害关系的；③其他可能直接或间接影响执业的情况。另外，可能影响独立性的情形通常包括资产评估机构及其资产评估专业人员或者其亲属与委托人或者其他相关当事人之间存在经济利益关联、人员关联或者业务关联。根据《民法典》规定，亲属包括配偶、血亲和姻亲；近亲属包括配偶、父母、子女、兄弟姐妹、祖父母、外祖父母、孙子女、外孙子女。根据《资产评估职业道德准则》的规定，亲属是指配偶、父母、子女及其配偶，这是一个比较狭义的界定。综上，承办评估业务的资产评估专业人员的配偶在委托单位担任高级管理人员，应主动回避。选项D正确，其他选项均错误。

8. 【答案】C

【解析】投资报酬率=无风险报酬率+风险报酬率。选项C错误，其他选项均正确。

9. 【答案】D

【解析】由 $Q_d=50-5P$，$Q_s=-10+5P$，供求均衡时，$Q_d=Q_s$，即 $50-5P=-10+5P$，可解出 $P=6$，$Q=20$。

10. 【答案】D

【解析】转让行为所对应的评估目的是确定转让标的资产的价值，为转让定价提供参考，选项D错误，其他选项均正确。

11. 【答案】D

【解析】某种商品价格提高，会引起与其形成互补关系商品需求量的降低，商品的需求量与其互补品价格呈现反方向变动，选项A不正确。经济学中的"吉芬商品"指的就是在特定条件下，需求量与价格同方向变动的特殊低档商品，选项B不正确。"凡勃伦效应"反映了人们通过彰显其身份地位的炫耀性消费，追求心理满足的经济现象。具备凡勃伦效应的商品与价格的关系不同于一般的商品供求规律，凡勃伦商品的需求量是随商品价格的上升而上升的，选项C不正确。替代品价格提高，会引起被替代商品需求量的增加，商品的需求量与其替代品价格呈现同方向变动，选项D正确。

12. 【答案】C

【解析】从事资产评估活动的主体是资产评估机构及其评估专业人员，资产评估机构是依法设立的从事评估业务的专业机构，评估专业人员包括评估师和其他具有评估专业知识及实践经验的评估从业人员。选项C错误，其他选项均正确。

13.【答案】C

【解析】评估基准日的选择应该是委托人的责任,评估专业人员可以提供相关专业建议。选项C错误,其他选项均正确。

14.【答案】B

【解析】如果观察到的金融工具与被评估资产不相似,或者如果由于信息不是近期的导致相关度不高,则可能有必要对价格信息作出调整,选项A错误;评估师在执行金融工具评估业务时,应当选择恰当的价值类型。评估师经常使用国际评估准则理事会以外的实体/组织定义的价值类型对金融工具进行评估,选项B正确;利用收益途径评估时,金为确定恰当的折现率,有必要评估该金融工具对时间价值和潜在附加风险的补偿,选项C错误;金融工具是一种在特定的当事人之间形成的,为获得或支付现金或其他财务安排的权利或义务的合约,选项D错误。

15.【答案】C

【解析】资产评估档案应当由资产评估机构集中统一管理,本机构评估专业人员需要查阅评估档案,应按规定办理借阅手续。

16.【答案】C

【解析】采用市场法的,应介绍参照物（交易案例）的选择原则、比较分析与调整因素等。选项C错误,其他选项均正确。

17.【答案】D

【解析】按照有效市场理论,股票价格应该反映所有可获得信息,股票价格是公平的,有效市场不会出现股票收益的规律性现象。选项D错误,其他选项均正确。

18.【答案】D

【解析】替代原则是指价格最低的同质商品对其他同质商品具有替代性,即相同效能的资产,最低价格的资产需求最大。在替代原则下,任何理性的投资者对具有相同效用的物品,必定选择价格较低的;在价格相同时,必定选择效用最大的。正确运用替代原则是资产评估公正性的重要保证。

19.【答案】B

【解析】在完全竞争市场上,每一个企业都是价格接受者,其所面对的需求曲线是一条平行于横轴的水平线。

20.【答案】B

【解析】评估计划不是一成不变的,如果原编制的评估计划不能适应项目要求,资产评估机构应当对评估计划进行必要的调整,选项A错误;评估机构可以授权内部人员或分支机构签署资产评估委托合同,选项B正确;为明确责任,评估专业人员应当要求委托人或者相关当事人对其提供的评估资料以签字、盖章、法律允许的其他方式等进行确认,并进行必要的核查验证,选项C错误;资产评估专业人员一般应当选择两种以上评估方法进行评估,通过两种以上方法的对比分析,可以形成更加科学、合理的评估结论,选项D错误。

21. 【答案】A

【解析】《资产评估价值类型指导意见》第十七条规定,当评估业务针对的是特定投资者或者某一类投资者,并在评估业务执行过程中充分考虑并使用了仅适用于特定投资者或者某一类投资者的特定评估资料和经济技术参数时,通常选择投资价值作为评估结论的价值类型。选项A正确,其他选项均错误。

22. 【答案】C

【解析】资产评估执业准则包括具体准则、评估指南和指导意见。资产评估具体准则分为程序性准则和实体性准则两个部分。实体性准则是针对不同资产类别的特点,分别对不同类别资产评估业务中的资产评估机构及其资产评估专业人员的技术操作提供指导。实体性准则主要包括:《资产评估执业准则——企业价值》《资产评估执业准则——无形资产》《资产评估执业准则——不动产》《资产评估执业准则——机器设备》《资产评估执业准则——珠宝首饰》和《资产评估执业准则——森林资源资产》。选项C正确,其他选项属于程序性准则。

23. 【答案】B

【解析】设备的功能与价值之间呈指数关系,因此,采用规模经济效益指数法评估设备的重置成本。资产重置成本=$12000×(55000÷50000)^{0.7}=12000×1.069=12828$(元)。

24. 【答案】C

【解析】价值规律的基本要求是:商品的价值量由生产商品的社会必要劳动时间决定,个别劳动时间并不能决定商品的价值量。在市场经济条件下,劳动生产率水平高的商品生产者能在相同的劳动时间里生产更多的商品,就会获利多、发展快,在市场竞争中处于有利地位;反之,则会获利少,甚至亏损,在市场竞争中处于不利地位,直至破产。优胜劣汰是价值规律的重要作用之一。

25. 【答案】C

【解析】为进一步规范财政部代表国务院履行出资人职责的中央文化企业及其各级子企业国有资产评估管理工作,促进企业国有产权有序流转,防止国有资产流失,2017年财政部就《中央文化企业国有资产评估管理暂行办法》(财文资〔2012〕15号)有关事项,印发了《关于中央文化企业国有资产评估管理的补充通知》(财文〔2017〕93号)。该通知明确,中央文化企业国有资产评估项目备案实行分级管理。经财政部批准经济行为的事项涉及的资产评估项目,由财政部负责备案;经中央文化企业及其各级子企业批准经济行为的事项涉及的资产评估项目,由中央文化企业负责备案。选项C正确,其他选项均错误。

26. 【答案】D

【解析】在名义利率相同的情况下,每年复利次数越多,年实际利率越高,对于投资者越有利。选项D正确,将使投资者获得最多的利息收益。

27. 【答案】B

【解析】"破产清算"是企业不能清偿到期债务或者明显缺乏清偿能力,人民法院在受理企业或债权人的申请并宣告债务企业破产后所进行的清算。选项B错误,其他选项均正确。

28. 【答案】D

【解析】$\frac{(1+r)^n-1}{r}$ 称为普通年金终值系数，$\frac{r}{(1+r)^n-1}$ 称为偿债基金系数，二者互为倒数；$\frac{1-(1+r)^{-n}}{r}$ 称为普通年金现值系数，$\frac{r}{1-(1+r)^{-n}}$ 称为资本回收系数，二者互为倒数。选项 D 正确。

29. 【答案】C

【解析】在选取价值比率时，轻资产企业不宜选择与资产规模相关的价值比率，应当尽量考虑采用与收益类相关的价值比率。选项 C 错误，其他选项均正确。

30. 【答案】A

【解析】由于企业申报的资产可能有实际不存在或产权不属于企业所有的情况，以及实际上存在但名义上不存在或不体现在财务报表中，如果评估专业人员未能履行或未能恰当履行现场调查程序，仅根据企业申报资料进行评估，将可能出现评估结论不能完全反映企业资产价值，导致评估结论不合理，评估业务质量受到影响。选项 A 正确，其他选项均错误或者不符合题意。

二、多项选择题

1. 【答案】ABE

【解析】人民法院通过询价评估系统向所确定的评估机构发送评估委托书，评估机构收到人民法院通过询价评估系统发出的评估委托书，如果存在不能评估的法定情形，则应在三个工作日提出不承接委托评估申请，向人民法院说明情况；如果未在规定期限内提出上述申请的，视为接受委托，双方建立司法评估委托关系，选项 C 错误；选项 D 没有依据，特殊委托业务也可以为非法定评估业务。

2. 【答案】ADE

【解析】法定评估业务的特点：①涉及国有资产或者公共利益等事项；②法律、行政法规规定需要评估，如《证券法》《企业国有资产法》等都有这方面的规定；③应当依法选择评估机构评估；④至少两名相应专业类别的评估师承办业务，并且评估报告必须由至少两名评估师签署；⑤法定评估档案保存期限为不少于 30 年，其他非法定评估档案保存期限为不少于 15 年。选项 B、选项 C 错误，其他选项均正确。

3. 【答案】ABCD

【解析】一种商品的供给数量是由许多因素共同决定的，其中主要的因素包括：①商品的自身价格；②生产成本；③生产技术水平；④与其相关的其他商品的价格；⑤对商品价格变动的预期；⑥生产商数量。此外，政府政策等其他因素也会影响商品的供给量。

4. 【答案】ABCD

【解析】在劳动价值论下，价值规律的作用表现在：①自发地调节生产资料和劳动力在社会各部门之间的分配；②刺激生产者的积极性。商品生产者为了多获利润，就必须不断进行技术创新,加强经营管理,提高劳动生产率,在竞争中努力降低商品的价格;③优胜劣汰。题目中的选项A、选项B、选项C、选项D均正确。

5. 【答案】ABD

【解析】评估结果汇总表以人民币万元为金额单位,选项C错误;评估结果汇总表应当按以下顺序和项目内容列示:流动资产、非流动资产、资产总计、流动负债、非流动负债、负债总计、净资产等类别和项目,选项E错误。

6. 【答案】BCD

【解析】截至2022年底,全国资产评估机构有6770家,执业资产评估师有43627人。选项B、选项C、选项D正确,选项A、选项E错误。

7. 【答案】ACE

【解析】采用询问、书面审查、复核等方式对已经审计的财务报表及其附注进行核查,应当了解出具审计报告的会计师事务所的执业资质和独立性。

8. 【答案】AB

【解析】我国《刑法》第八十七条规定,犯罪经过下列期限不再追诉:①法定最高刑为不满五年有期徒刑的,经过五年;②法定最高刑为五年以上不满十年有期徒刑的,经过十年;③法定最高刑为十年以上有期徒刑的,经过十五年;④法定最高刑为无期徒刑、死刑的,经过二十年。如果二十年以后认为必须追诉的,须报请最高人民检察院核准。

9. 【答案】ABE

【解析】资产评估的基本事项主要包括资产评估的相关当事人、评估目的、评估对象、价值类型及评估假设、评估基准日与报告日等。这些事项是资产评估专业人员确定资产评估程序、选择评估方法、形成及编制评估报告的基础。选项C、选项D不属于资产评估业务基本事项。

10. 【答案】BCD

【解析】该火电机组不能续用,需要整体报废,但是部分部件还有使用价值,在这种情况下,可以选择残余价值类型,选项A错误;清算价值作为一种价值类型是以评估对象被强制变现或被强制出售为前提条件的,只有评估对象是在强制变现或强制出售的前提条件下评估,其评估结论的价值类型才可以选择清算价值,选项E不正确。其他选项均正确。

11. 【答案】CE

【解析】当资产利用率>1时,表示资产超负荷运转,资产实际已使用年限比名义已使用年限要长。实际已使用年限是指资产在使用中实际损耗的年限。实际已使用年限与名义已使用年限的差异,可以通过资产利用率来调整。

12. 【答案】DE

【解析】因收益额减少导致的经济性贬值额=资产年收益损失额×(1−所得税税率)×(P/A, r, n),选项D错误。总使用年限=实际已使用年限+尚可使用年限,选项E错误。其他选项均正确。

13.【答案】ACDE

【解析】市场价值通常高于投资价值,没有依据,选项 B 错误,其他选项均正确。

14.【答案】ACE

【解析】从本质上讲,折现率是一种投资回报率,是投资者在投资风险一定的情形下,对投资所期望的回报率。折现率就其构成而言,由无风险报酬率和风险报酬率组成。无风险报酬率,亦称安全利率,是指没有投资限制和障碍,任何投资者都可以投资并能够获得的投资报酬率。在具体实践中,通常将政府债券收益率当作没有风险的报酬率,因此,无风险报酬率可以参照同期政府债券收益率。风险报酬率是对风险投资的一种补偿,在数量上是指超过无风险报酬率之上的那部分投资回报率。在资产评估中,因资产的行业分布、种类、市场条件等的不同,其获取回报的风险不相同,折现率亦不相同。

15.【答案】ACD

【解析】现状利用假设要求对一项资产按照其目前的利用状态及利用方式进行价值评估,现状利用方式可能不是最佳使用方式,选项 A 正确,选项 B 错误;针对资产状态的假设一般会对被评估资产的价值产生影响,因此,评估专业人员需要在评估报告中对所采用的假设进行必要的披露,选项 E 错误。其他选项均正确。

三、综合题

1.【答案及解析】

(1)计算重置成本。

重置成本=180000×$(1+12\%)^{10}$+50000×$(1+12\%)^5$

　　　　=180000×3.1058+50000×1.7623

　　　　=559044+88115

　　　　=647159(元)。

(2)计算实体性贬值。

加权投资成本=已使用年限×投资成本=559044×10+88115×5

　　　　　　=5590440+440575=6031015(元);

加权平均已使用年限=6031015÷647159×50%=4.66(年);

实体性贬值率=4.66÷(4.66+5)=48.24%;

实体性贬值=647159×48.24%=312189.5(元)。

(3)计算功能性贬值。

年超额运营成本=12×2000=24000(元);

年净超额运营成本=24000×(1-25%)=18000(元);

功能性贬值额=∑(评估对象年净超额运营成本×折现系数)=18000×(P/A,8%,5)=18000×3.9927=71868.6(元)。

(4)计算经济性贬值。

经济性贬值=0

(5)计算被评估设备评估值。

评估值=647159-312189.5-71868.6=263100.9(元)。

2.【答案及解析】

(1) 评估案例中存在的不合理之处包括：①评估对象和评估范围不应该由 Z 资产评估机构确定。评估对象应当由委托人依据法律法规的规定和经济行为要求提出，并在评估委托合同中明确约定。在评估对象确定过程中，评估机构和资产评估专业人员应当关注其是否符合法律法规的规定、满足经济行为要求，必要时向委托人提供专业建议。资产评估范围应当依据法律法规的规定、实现评估目的要求，以及评估对象的特点合理确定，并在资产评估委托合同中明确界定，具体内容应由委托人负责确定。②在进行现场调查之前，A 企业应该事先通知 B 航空公司进行资产评估的事项。当评估委托人与评估对象的产权持有人不是同一主体时，资产评估专业人员在对评估对象实施评估时需要通过委托人协调产权持有人配合工作。有时产权持有人可能不愿意提供评估所需要的资料，或不愿意配合评估工作，这样就会对评估程序的实施产生一定的影响。出现上述情况，评估专业人员应该与委托人协商，由委托人出面协调产权持有人配合评估工作。③评估人员应该对引用的相关数据进行说明。对于缺乏专业能力的业务，可以采取一定措施进行弥补，比如聘请专家协助工作、利用或引用专业机构的工作成果等，但是为了明确责任、防范执业风险，Z 资产评估机构应当对引用的相关数据进行说明。

(2) 资产评估业务基本事项主要包括：资产评估的基本事项主要包括资产评估的相关当事人、评估目的、评估对象、价值类型及评估假设、评估基准日与报告日等。这些事项是资产评估专业人员确定资产评估程序、选择评估方法、形成及编制评估报告的基础。

(3) 本评估的目的是对 A 企业股权收购涉及的 B 航空公司的股东全部权益价值进行评估，为 A 企业股权收购提供价值参考。评估对象是 B 航空公司的整体权益，评估范围包括 B 航空公司的全部资产和负债，包括可辨识的资产和不可辨识的资产（如商誉等）。资产评估范围应当依据法律法规的规定、实现评估目的要求，以及评估对象的特点合理确定，并在资产评估委托合同中明确界定，具体评估范围应由委托人负责确定。资产评估专业人员在执行资产评估业务时应当关注纳入资产评估范围的资产或者资产及负债是否与所服务的经济行为要求的评估范围一致。

3.【答案及解析】

(1) 评估报告中的不合理之处包括：①评估报告内容不全，缺少评估基准日、评估报告日、评估程序实施过程和情况。②"评估委托人"不全面，应为"评估委托人、被评估单位和资产评估委托合同约定的其他资产评估报告使用人的概况"。③评估范围表述不恰当。因为设备需要拆除拍卖，评估范围应为拟拍卖处置的设备，不包括附属安装基础设施。④价值类型不恰当。当评估对象无法或者不宜整体使用，将其拆解分割后的零部件还具有使用价值时，评估专业人员通常应当考虑将评估对象拆零变现，并选择残余价值作为评估结论的价值类型。本评估是因为甲公司因环保政策等被政府要求关停，厂房、设备等要拆除，设备需要限期拍卖处置。应当选择残余价值类型。⑤持续经营假设不合理。国有资产管理部门授权甲公司对设备限期拍卖处置，应采用有序清算假设。⑥评估结论的确定无依据。根据《资产评估执业准则——资产评估报告》等相关规定，当采用两种以上评估方法时，资产评估专业人员应当对采用各种方法评估形成的初步结论进行分析比较，对所使用评估资料、数据、参数的数量和质量等进行分析，在此基础上，分析不同方法评估结论的合理性以及不同方法评估结论差异的原因，综合考虑评估目的、价值类型、评估对象现实状况等因素，最终形成合理的评估结论。

（2）出具评估报告前，可以与委托人或者相关当事人沟通。《资产评估执业准则——资产评估程序》第二十四条规定，资产评估机构出具资产评估报告前，在不影响对评估结论进行独立判断的前提下，可以与委托人或者委托人同意的其他相关当事人就资产评估报告有关内容进行沟通，对沟通情况进行独立分析，并决定是否对资产评估报告进行调整。

（3）将评估结果调低5%是不恰当的。资产评估机构及评估专业人员与委托人或者委托人许可的相关当事人就评估报告有关内容所进行的沟通，应在不影响其对最终评估结论进行独立判断的前提下进行。沟通如导致评估专业人员修改评估结论或者评估报告，需要详细说明理由，并履行必要的内部审核程序。

2023年资产评估师资格全国统一考试
《资产评估基础》大模考热身试卷（三）

一、单项选择题（共30题，每题1分，共30分。每题的备选项中，只有一个最符合题意）

1. 根据《资产评估行业财政监督管理办法》对资产评估机构备案管理的要求，资产评估机构的备案信息不齐全或者备案材料不符合要求的，省级财政部门应当在接到备案材料（　　）个工作日内一次性告知需要补正的全部内容。资产评估机构应当根据要求，在（　　）个工作日内补正。

　　A. 5，10　　　　B. 10，15　　　　C. 10，30　　　　D. 5，15

2. 资产评估专业人员完成初步评估报告编制后，资产评估机构应当根据相关法律、行政法规、资产评估准则的规定和评估机构内部质量控制制度，对资产评估报告进行必要的审核。下列关于评估报告审核的表述，错误的是（　　）。

　　A. 评估机构可以根据评估机构的项目管理要求和质量控制制度确定其内部审核的级次

　　B. 项目团队之外的审核人员可以是专职的质控部门（或岗位）的审核人员，也可以是项目团队之外的具有相应审核能力和经验的其他评估专业人员

　　C. 目前实践中，评估机构具体项目适用的审核级次会结合项目类型、规模、复杂程度、监管要求和风险水平等因素有所区别

　　D. 资产评估机构应当对资产评估报告进行必要的审核，目前我国资产评估准则对评估报告审核级次有具体的规定

3. 我国资产评估执业准则有对评估结论使用有效期的规定，资产评估结论有效期通常为一年，这一年是从（　　）算起。

　　A. 评估报告日　　　　　　　　B. 评估基准日
　　C. 经济行为发生日　　　　　　D. 评估报告提交日

4. 假设待估资产为一机器设备，评估师拟运用成本法评估。评估师收集的成本资料有：该机器设备的现行市场价格每台180000元，运杂费5000元，直接安装成本为20000元，其中原材料6000元、人工成本13000元、其他直接费用1000元，安装期限较短，计算求

得安装成本中的间接成本为直接安装成本的 25%，若按重置核算法估算，该机器设备的重置成本为（   ）元。

A. 205000　　　　　B. 210000　　　　　C. 185000　　　　　D. 186000

5. 总体而言，评估机构的质量审核体系应当包括项目团队内部相关层级的审核以及质量控制部门（岗位）等独立于项目团队之外的审核，必要时，也可引入外部审核资源。评估机构对评估报告进行审核时，下列选项中，不属于质量控制部门审核内容的是（   ）。

A. 评估程序是否完整履行，是否形成了相应的工作底稿
B. 整体报告的内容及格式是否符合相关法规及评估准则的规定
C. 评估调查过程是否记录在工作底稿中
D. 对于外部审核的意见答复和报告修改是否合理有据

6. 我国资产评估行业的管理一直伴随资产评估行业发展的全过程，管理体制机制随着我国市场经济和行业发展的各个发展阶段呈现出不同的特点。下列表述中，错误的是（   ）。

A. 在资产评估行业创立之初，行业管理重在行政管理，管理主体单一，即政府是行业管理的唯一主体
B. 随着市场经济的深入发展和政府职能的不断转变，资产评估行业管理管理主体发展到政府部门与行业协会
C. 资产评估行业行政管理侧重具体运行以及队伍的日常管理，自律管理侧重方向性指导以及机构资质管理
D. 评估机构及其专业人员根据委托，对单项资产等进行评定、估算，并出具评估报告的专业服务行为属于财政部门的监管范围

7. 假设有一系列现金流量，期限为 10 年，每年年末现金流量为 20 万元，按年利率 6% 计算，则该系列现金流量的现值为（   ）万元。（已知：(P/A, 6%, 10)=7.3601，(F/P, 6%, 10)=1.7908，(F/A, 6%, 10)=13.181）

A. 156.034　　　　　B. 263.623　　　　　C. 35.816　　　　　D. 147.202

8. 根据《资产评估法》，资产评估业务可以分为两类：一类是自愿进行的评估，另一类是必须进行的法定评估。下列有关资产评估业务类型的表述中，错误的是（   ）。

A. 涉及国有资产或者公共利益等事项，法律、行政法规规定需要评估的，此类评估属于法定评估
B. 除法律法规另有规定，自然人、法人或者其他组织如果需要确定评估对象价值的，可以自愿委托评估机构评估
C. 自愿进行的评估可以直接委托资产评估师或其他具有评估专业知识及实践经验的评估专业人员进行评估
D. 法定评估由至少两名相应专业类别的资产评估师承办业务，并且评估报告必须由至少两名资产评估师签署

9. 资产评估假设是依据现有知识和有限事实，通过逻辑推理，对资产评估所依托的事实或前提条件作出的合乎情理的推断或假定。下列关于资产评估假设的表述，错误的是

（　　）。

  A. 评估专业人员需要把市场条件及影响资产价值的各种因素设定在某种状态下，资产评估假设是资产评估结论成立的前提条件

  B. 交易假设一方面为资产评估得以进行"创造"了条件，另一方面它明确限定了资产评估的外部环境，是资产评估得以进行的一个最基本的前提假设

  C. 公开市场假设是指资产可以在充分竞争的市场上自由买卖，其价格高低取决于一定市场的供给状况下独立的买卖双方对资产的价值判断

  D. 现状利用假设要求对一项资产按照其目前的利用状态及利用方式进行价值评估，现状利用方式是最高最佳使用方式

10. 评估报告是在履行评估程序的基础上完成的。关于评估程序受限对评估报告出具的要求，下列表述中，错误的是（　　）。

  A. 现实工作中，由于资产的特殊性、客观条件限制等原因，使得评估程序的履行可能存在障碍，需要资产评估专业人员采取相关的替代程序

  B. 因法律法规规定、客观条件限制，无法或者不能完全履行资产评估基本程序，经采取措施弥补程序缺失，可以出具资产评估报告

  C. 评估程序受限时，应当在资产评估报告中说明资产评估程序受限情况、处理方式及其对评估结论的影响

  D. 如果程序受限对评估结论产生重大影响或者无法判断其影响程度的，不应出具资产评估报告

11. 在经济学中，"均衡"一般指经济体系的各种影响力量在相互制约中所达到的相对静止并保持不变的状态。下列关于市场均衡概念的表述，错误的是（　　）。

  A. 市场均衡是影响市场供求的力量达成平衡的状态，局部均衡和一般均衡都是微观经济分析中的市场均衡

  B. 局部均衡理论假定各种商品的供求和价格都是相互影响的，市场之间是相互联系的

  C. 局部均衡是指单个市场或部分市场的供求与价格之间的关系所处的相对静止状态

  D. 一般均衡是指经济社会中所有市场的供求与价格之间的关系所处的相对静止状态

12. 资产评估机构、资产评估专业人员对所承接的资产评估项目，必须确信具有相应的专业知识和经验，能够胜任该项业务，不得接受其能力无法完成的资产评估项目，除非采取其他有效措施保证能够有效地完成该项评估业务。该类措施不包括（　　）。

  A. 与具有相关专业知识和经验的评估机构或评估专业人员联合评估

  B. 聘用具有所需专业知识或经验的专业人士协助工作

  C. 资产评估专业人员通过学习达到从事业务的能力要求

  D. 与委托人及其他相关当事人沟通将不能胜任的评估业务部分外包

13. A 有限责任公司经法定程序，决定整体改制为股份有限公司。下列关于该经济行为涉及的资产评估目的的表述，错误的是（　　）。

  A. 该经济行为涉及的资产评估是以公司设立、改制、增资为目的的

  B. 资产评估目的需要在双方订立的评估委托合同中明确约定

C. 企业改制这类资产评估目的是最常见的一类资产评估目的
D. 该经济行为涉及的资产评估目的直接或间接决定和制约价值类型的选择

14. 以下原则中能够为资产评估公正性提供重要保证的是（ ）。
   A. 依据价值理论原理，强调商品在交换时，应以最佳用途及利用方式实现其价值，此即最高最佳使用原则
   B. 价格最低的同质商品对其他同质商品具有替代性，即相同效能的资产，最低价格的资产需求最大，这是替代原则的要求
   C. 预期收益原则，是指在资产评估过程中，资产的价值不在于过去的生产成本或销售价格，而是应当基于对资产未来收益的预期决定
   D. 贡献原则，主要是指某一资产或资产某一构成部分的价值，取决于其对所在资产组合或完整资产整体价值的贡献，或者根据缺少该要素对整体价值的影响程度来确定

15. 资产评估机构违反"分支机构应当在资产评估机构授权范围内，依法从事资产评估业务，并以资产评估机构的名义出具资产评估报告"规定造成不良后果的，由（ ）责令改正。
   A. 分支机构所在地的资产评估协会
   B. 评估机构所在地的市级财政部门
   C. 分支机构所在地的市级财政部门
   D. 分支机构所在地的省级财政部门

16. 根据需求理论，某种商品价格未变，但与其相关的其他商品的价格发生变化，也会导致其需求量发生变化，一种商品价格下降对其互补品最直接的影响是（ ）。
   A. 互补品的需求曲线向左移动
   B. 互补品的需求曲线向右移动
   C. 互补品的供给曲线向右移动
   D. 互补品的供给出现过剩现象

17. 资产评估方法是指评定估算资产价值的途径和手段，是在多种学科的技术方法基础上，按照资产评估自身的运作规律和行业特点形成的一整套方法体系。下列关于资产评估方法的表述中，错误的是（ ）。
   A. 市价折扣法一般只适用于评估对象与参照物之间仅有时间因素存在差异的情形
   B. 分析测算评估对象预期收益持续的时间是收益法评估的步骤
   C. 确定评估对象的使用年限是成本法评估的步骤之一
   D. 运用市场法评估单项资产时，应考虑的可比因素包括资产的功能

18. 资产评估专业人员在执行评估业务过程中形成的，反映评估程序实施情况、支持评估结论的工作记录和相关资料，构成（ ）。
   A. 资产评估计划
   B. 资产评估评估报告
   C. 资产评估工作底稿
   D. 资产评估基本事项

19. 直接或间接地决定和制约着资产评估的条件以及价值类型选择的资产评估基本事项是（ ）。
   A. 评估委托人　　B. 评估目的　　C. 评估基准日　　D. 评估报告日

20. 某被评估机器设备年生产能力为生产 2000 台产品，在未来可使用年限 5 年内，由于市场需求减少，每年产品产量估计要减少 500 台左右。假定规模经济效益指数为 0.6。根

据上述条件，按照间接计算法，该机器设备经济性贬值率大约为（   ）。

    A. 19%   B. 18%   C. 16%   D. 15%

21. 价值类型是指资产评估结果的价值属性及其表现形式。下列关于资产评估价值类型的表述，错误的是（   ）。

    A. 主要价值类型包括市场价值、投资价值、在用价值、清算价值和残余价值等

    B. 价值类型从不同角度反映资产评估价值的属性和特征，是影响和决定资产评估价值的重要因素

    C. 不同的价值类型所代表的资产评估价值不仅在质上不同，在量上往往也存在着较大差异

    D. 残余价值指在评估对象处于被迫出售、快速变现等非正常市场条件下的价值估计数额

22. 资产评估程序是指执行资产评估业务所履行的系统性工作步骤，其对于保证科学、公正地开展评估业务而言非常重要。下列各项资产评估程序中，不属于评估实施阶段程序的是（   ）。

    A. 实施评估现场调查   B. 收集整理评估资料

    C. 编制出具评估报告   D. 编制资产评估计划

23. 国际评估准则资产准则包括对特定类型资产的相关要求，当评估特定类型的资产时，必须同时遵循基本准则和资产准则的要求。下列关于国际评估准则资产准则的表述，错误的是（   ）。

    A. 无形资产评估的特殊考量仅限于：无形资产折现率/回报率、无形资产的经济寿命以及税收摊销收益

    B. 企业和企业权益评估准则主要包括：引言、价值类型、评估途径和方法、对企业和企业权益的特殊考量等方面

    C. 操作软件、技术数据、生产记录和专利都是典型的、可以影响到厂房和设备价值的无形资产的例子，但这取决于它们是否包含在评估范围内

    D. 评估师评估金融工具，如果近期没有相关交易，那么市场报价、协商价格或非公开交易价格也可能是金融工具市场价值的相关证据

24. 价值比率法通常被用来评估企业价值，可用的价值比率种类非常多，在选取价值比率时，亏损企业一般不采用（   ）。

    A. 投资口径的价值比率   B. 与资产规模相关的价值比率

    C. 股权投资口径价值比率   D. 与净利润相关的价值比率

25. 资产评估计划是资产评估机构及其资产评估专业人员为执行资产评估业务所拟定的资产评估工作思路和实施方案。关于资产评估计划，下列表述中，错误的是（   ）。

    A. 资产评估计划应当涵盖现场调查、收集评估资料、评定估算、编制和提交资产评估报告等资产评估业务实施的主要过程

    B. 资产评估专业人员在编制资产评估计划的过程中，应当同委托人及相关当事人就相关问题进行沟通，以保证资产评估计划的可操作性

C. 遇到需要调整评估计划的情况时，资产评估专业人员应尽快与评估机构负责人、项目负责人进行沟通，根据已确定的方案及时调整评估计划

D. 资产评估专业人员应当根据资产评估业务具体情况编制资产评估计划，并合理确定资产评估计划的繁简程度

26. 《史记·货殖列传》云："论其有余不足，则知贵贱。贵上极则反贱，贱下极则反贵。贵出如粪土，贱取如珠玉。"其中，"贵上极则反贱，贱下极则反贵"，从经济学角度看，其反映的是（　　）。

A. 计划机制作用的结果
B. 价值规律的表现形式
C. 供求关系对价值的影响
D. 劳动决定价值的体现

27. 依据供求理论，商品的均衡价格是在市场供求两种力量博弈下形成的。市场价格低于均衡价格将会引起的经济现象是（　　）。

A. 商品出现短缺
B. 厂商成本增加
C. 商品出现过剩
D. 厂商盈利增加

28. 企业融资租入的固定资产，也应确认为企业的资产。这说明（　　）。

A. 从资产评估的角度看，资产的所有权与使用权差别不大
B. 在评估专业人员看来，对资产拥有控制权就拥有所有权
C. 资产评估中界定的资产，不一定是拥有所有权的资产
D. 为了资产评估的客观需要，控制权可以体现为完全产权

29. 有关文件规定我国国有资产评估项目要进行审核与评审，其中，《中央企业资产评估项目核准工作指引》（国资发产权〔2010〕71号）规定，国资委聘请的专家应当重点审查的内容，不包括（　　）。

A. 评估基准日的选择、评估方法、评估过程是否符合相关评估准则的规定
B. 评估机构在评估过程中是否履行了必要评估程序，评估过程是否完整
C. 评估报告是否符合《企业国有资产评估报告指南》规定要求
D. 评估机构是否存在应回避而没有回避的情形，是否独立开展评估业务

30. 效用是指商品或劳务满足人的欲望的能力，或者说，效用是指消费者在消费商品后所感受到的满足程度。在效用价值论看来，边际效用是递减的，这意味着（　　）。

A. 随着服务水平的提高，消费者心理上会感到增加的满足或效用越来越小，效用服务的成本越来越低
B. 一个人的消费组合中拥有越多的某种商品，该种产品的每一额外增加产生越少的总效用
C. 一个人的消费组合中拥有越多的某种产品，为追求生活享受总量的最大化，总的支付意愿将减少
D. 一个人的消费组合中拥有越多的某种产品，该种产品的每一额外增加产生越少的额外收益

二、多项选择题（共15题，每题2分，共30分。每题的备选项中，有2个或2个以上符合题意，至少有1个错项。错选，本题不得分；少选，所选的每个选项得0.5分）

1. 国有资产评估报告对评估对象与评估范围应说明的内容，包括（　　）。
   A. 委托评估的评估对象与评估范围
   B. 委托评估的资产使用记录
   C. 委托评估的资产减值处理
   D. 委托评估的资产类型、账面金额
   E. 委托评估的资产权属状况（含应当评估的相关负债）

2. 下列各项行为或事项中，不会给资产评估机构带来业务风险的是（　　）。
   A. 委托人在未告知资产评估机构的情况下将资产评估报告用于预定的经济行为
   B. 委托人缺乏履约能力，不能提供真实、完整、合法的相关资料
   C. 评估目的不明确、所对应的经济行为无法获得相关审批
   D. 因为评估对象的特殊性导致评估专业人员无法按规定或要求履行核查程序
   E. 非评估报告使用人在资产评估机构不知情的情况下使用资产评估报告

3. 下列关于国际评估准则基本准则的表述，正确的是（　　）。
   A. 价值类型准则是强制性的，要求评估师选择适合的一项（或多项）价值类型，并遵循所有适用的、与该价值类型相关的要求
   B. 在国际评估准则中，评估基本途径包括市场途径、收益途径、成本途径，评估师必须仔细考虑选用相关且恰当的评估途径
   C. 市场途径通常使用由一组可比数据推导出的市场乘数，每组可比数据得出不同的乘数，需要依据定性和定量的因素作出判断，从而在一个范围内选择恰当的乘数
   D. 成本途径通过计算资产的现行更新重置成本或复原重置成本，并扣除其实体性贬值，提供一个指示性价值
   E. 国际评估准则不要求评估师使用超过一种的评估方法，但应该考虑并可以使用多种评估方法

4. 依据《资产评估执业准则——资产评估程序》，以下选项中，属于资产评估实施阶段需要做的工作是（　　）。
   A. 收集整理评估资料　　　　B. 签订业务委托合同
   C. 实施评估现场调查　　　　D. 明确业务基本事项
   E. 编制资产评估计划

5. 资产评估假设是资产评估结论成立的前提条件。下列关于资产评估假设的表述，正确的是（　　）。
   A. 交易假设是假定所有评估标的已经处在交易过程中，评估专业人员根据被评估资产的交易条件等模拟市场进行评估
   B. 公开市场假设的核心是资产的市场价值是由自由竞争的市场参与者自主决定的，不是其他力量垄断或者强制决定的
   C. 最高最佳使用假设多用于房地产评估，因为房屋和土地经常存在多种用途，因此在

评估时可能需要按照最佳状态评估

D. 资产评估假设是对资产评估所依托的事实或前提条件作出的合乎情理的推断或假定

E. 资产评估假设直接或间接地决定和制约着资产评估的条件以及价值类型的选择

6. 经济性贬值是成本法下需要考虑的贬值因素之一。下列关于经济性贬值的表述中，错误的是（　　）。

A. 直接计算法主要测算的是因资产利用率下降所导致的经济性贬值，间接计算法主要测算的是因收益额减少所导致的经济性贬值

B. 经济性贬值额的计算应以评估对象的重置成本或重置成本减去实体性贬值和功能性贬值后的结果为基数，按确定的经济性贬值率估测

C. 资产的经济性贬值，是指由于外部条件的变化引起资产闲置、收益下降等而造成的资产价值损失

D. 资产的经济性贬值有两种，一是资产利用率下降，甚至闲置等，二是资产的运营收益减少

E. 经济性贬值额的计算应以评估对象的历史成本或历史成本减去实体性贬值和功能性贬值后的结果为基数，按确定的经济性贬值率估测

7. 某集团公司近年来不断增加技术研发资金投入，提高研发能力，提高劳动生产率。这种率先提高技术水平、提高个别劳动生产率的做法，其结果是（　　）。

A. 单位商品价值量增加，价值总量增加，交换中获利就会增大

B. 单位商品价值量降低，价值总量不变，交换中获利就会增大

C. 单位商品价值量不变，价值总量增加，交换中获利就会增大

D. 单位商品价值量降低，价值总量增加，交换中获利就会增大

E. 个别劳动时间就低于社会必要劳动时间，在交换中就获利较多

8. 资产评估原则是规范资产评估行为和业务执行的规则或标准。评估机构及其评估专业人员在执业过程中应遵循独立、客观、公正的工作原则，其原因是（　　）。

A. 资产评估是由资产评估机构及其评估专业人员对资产的价值进行鉴别和举证的活动，是有偿服务，应当满足委托人的要求

B. 资产评估机构及其资产评估专业人员以专业知识和技能为社会提供资产评估服务，需要从专业和职业道德角度规范其从业行为，保障委托人的合法权益、保护公共利益

C. 资产评估结论是为资产业务提供专业化估价意见，该意见有强制执行的效力，遵循独立、客观、公正的工作原则才能保证公平

D. 从事资产评估的机构应由一定数量和不同类型的资产评估师组成，遵循独立、客观、公正的工作原则才能使评估工作协调高效

E. 坚持独立、客观、公正原则，有利于资产评估机构及其资产评估专业人员维护专业形象，赢得社会信任，促进资产评估行业健康可持续发展

9. 在履行了核查验证程序后，评估专业人员需要对从各个渠道收集的评估资料进行必要的分析、归纳和整理，归纳整理后的评估资料，按照可用性原则，可以划分为（　　）。

A. 可用性评估资料　　　　　　　　B. 有参考价值的评估资料

C. 没有价值的评估资料　　　　　　D. 不可用评估资料
E. 有选择性的评估资料

10. 根据《资产评估法》的规定，资产评估委托人应当与资产评估机构订立评估委托合同，评估委托人是与资产评估机构就资产评估专业服务事项签订委托合同的民事主体。下列关于资产评估委托人的表述，错误的是（　　）。
   A. 资产评估委托人可以是一个，也可以是多个，可以是自然人，也可以是法人，与评估对象的产权持有人可能不是同一主体
   B. 法定评估委托人的确定可以基于自愿协商的原则进行，但同样要严格履行委托合同约定的义务
   C. 评估委托人应当对其提供的权属证明、财务会计信息和其他资料的真实性、完整性和合法性负责，这是其最基本的义务
   D. 资产评估是由专业人员从事的专业技术判断活动，评估委托人应当理解并接受资产评估报告结论、评估金额、评估程序
   E. 涉及国有资产的评估，评估委托人一般应该是产权持有人，由其委托具有相应资质的资产评估机构进行评估

11. 根据市场结构理论，完全垄断市场需要具备的条件，主要包括（　　）。
   A. 整个行业内有很多的生产者和消费者，结成垄断联盟
   B. 厂商生产和销售的商品是独一无二的，没有替代品
   C. 少数几个企业控制一个行业的供给，形成对市场的完全控制
   D. 整个行业只有一个供给厂商，垄断了所有商品的供给
   E. 其他企业进入这一市场非常困难以至于无法进入该市场

12. 我国资产评估行业的管理一直伴随资产评估行业发展的全过程，管理体制机制随着我国市场经济和行业发展的各个发展阶段呈现出不同的特点。以下有关我国资产评估管理的表述中，错误的是（　　）。
   A. 按照现行部门职责分工，房地产估价行业、矿业权评估行业应执行相关法律、行政法规及住房和城乡建设部、自然资源部的相关规定
   B. 财政部依照法律、行政法规、《资产评估行业财政监督管理办法》和协会章程的规定，负责全国资产评估行业的自律管理
   C. 中国资产评估协会具体组织制定资产评估行业监督管理办法，依法对评估机构、评估专业人员遵守法律法规、评估基本准则等情形开展监督管理
   D. 地方资产评估协会负责本地区资产评估机构和分支机构的备案管理，备案信息不齐全或者备案材料不符合要求的，应当一次性告知补正并给予指导
   E. 目前，资产评估行业管理已发展到行政管理与自律管理有机结合，其中，行政管理侧重方向性指导、机构资质管理以及执业质量的行政性监管

13. 收益法是资产评估的基本方法之一，在运用收益法进行资产评估时，下列选项表述正确的是（　　）。
   A. 在具体实践中，通常将政府债券收益率当作没有风险的报酬率，无风险报酬率可以

参照同期政府债券收益率

B. 如果某只股票的β系数为1.1，则说明市场整体上涨10%时，该只股票上涨9.09%

C. 加权平均资本成本法是以企业的各种资本在企业全部资本中所占的比重为权数，对各种长期资金的资本成本加权平均计算出来的资本总成本

D. 如果资产的收益期限受到法律、合同等规定的限制，则应以法律或合同规定的年限作为收益期

E. 收益法在整体资产评估中的应用通常是对企业价值进行评估，亦可用于非上市交易的股票、具有收益性的房地产等单项资产的评估

14. 下列情况中，属于违反对资产评估机构、资产评估专业人员的责任规定的是（　　）。

A. 资产评估师利用业余时间在两个机构执业

B. 未经工商登记以评估机构名义从事评估业务

C. 资产评估师承诺按委托人要求的结果开展评估活动

D. 资产评估师在公共场所讨论业务不提及客户的单位名称

E. 资产评估师分别接受利益冲突双方的委托，对同一评估对象进行评估

15. 在利率和计息期相同的条件下，下列用于计算货币时间价值的公式中，正确的有（　　）。

A. 普通年金现值系数=（复利现值系数-1）/r

B. 普通年金终值系数=（复利终值系数-1）/r

C. 普通年金终值系数×普通年金现值系数=1

D. 普通年金现值系数×（1+r）=预付年金现值系数

E. 普通年金终值系数×偿债基金系数=1

三、综合题（共3题，第1题10分，第2题和第3题各15分，共40分）

1. 某企业有一套自制生产设备，于2017年1月1日投入使用，原值500万元，其中：材料费400万元，安装费35万元，其他费用65万元。设备生产能力为年产某类产品1000吨。该套设备到2023年1月1日已使用6年，预计尚可使用9年。

从2017年到2023年的6年时间中，材料费环比价格变动指数分别为10%、15%、12%、15%、20%、25%，安装费和其他费用环比价格变动指数分别为10%、11%、12%、15%、18%、20%。

随着技术创新，致使相同设备生产的产品成本更低，预计每年可节约人工成本40万元。由于企业面临的行业不景气，正常开工率为90%，规模经济效益指数取0.6。企业所得税税率为25%。折现率取10%。

要求：评估该套设备2023年1月1日的价值（结果取整数）。

2. 甲公司是一家上市公司，拟收购非上市公司乙公司51%的股权，现委托W资产评估公司对乙公司51%股权的价值进行评估，评估基准日为2023年4月30日。

（1）W资产评估公司了解到以下信息：

① 乙公司成立于2019年12月，是一家专门从事手机游戏和网络游戏软件开发的企

业。乙公司在评估基准日的账面资产总额为 2000 万元，负债总额为 800 万元、所有者权益为 1200 万元。② 近年来，手机游戏和网络游戏开发和运营企业在资本市场备受青睐，不少上市公司纷纷对一些具有发展潜力的游戏企业实施兼并收购。③ 乙公司拥有一支实力比较雄厚的研发团队，其主创人员曾经开发过一款游戏并取得了不俗的业绩。

（2）W 资产评估公司接受委托后，拟安排资产评估师 Y 担任该评估项目负责人。资产评估师 Y 对游戏企业有专门研究，承办过好几家游戏企业并购的资产评估业务，并长期关注资本市场相关上市公司的市场表现和收购案例。目前持有甲公司 10 万股股票，并打算长期持有。资产评估师 Y 根据本评估项目实际情况结合自己的专业判断，计划采用收益法和资产基础法两种方法对乙公司进行评估。

（3）W 资产评估公司风险控制人员在审批资产评估师 Y 提交的资产评估计划时，提出了两点异议：一是不同意选派资产评估师 Y 担任本评估项目的负责人；二是建议项目组重新考虑评估方法的选择问题。

要求：

（1）选派资产评估师 Y 担任本评估项目的负责人是否恰当？为什么？

（2）像资产评估师 Y 持有甲公司股票之类的情况，评估机构及其评估专业人员如何了解与判断？

（3）简述资产评估师在选择评估方法进行评估时应当考虑的主要因素。

（4）结合本评估项目的特点，提出你认为本评估项目最适宜采用的两种基本评估方法，并简要阐述理由。

3. Z 公司是一家大型游戏上市公司，拟收购 B 公司 60%的股权，现委托 M 资产评估有限公司对 B 公司 60%股权的价值进行评估，评估基准日为 2023 年 1 月 31 日。

M 资产评估有限公司安排资产评估师 N 担任该项目负责人。资产评估师 N 对游戏企业有专门研究，承办过好几家游戏企业并购的资产评估业务，并长期关注资本市场相关上市公司的市场表现和收购案例。目前，Z 公司在资本市场表现良好，资产评估师 N 持有 Z 公司 5 万股股票，并打算长期持有。资产评估师 N 在对该项目进行调查后，决定受理该资产评估业务，资产评估师 N 与 Z 公司相关负责人订立了资产评估委托合同。

由于资产评估师 N 受理过若干次游戏公司的资产评估业务，对此领域比较熟悉，执业经验丰富，于是在具体执行资产评估程序时，出于节约时间、成本的考虑，没有编制资产评估计划。

后来，Z 公司出现经营危机，Z 公司相关负责人决定提前终止资产评估业务，M 资产评估有限公司向其收取评估服务费时，Z 公司以 M 资产评估有限公司未执行完评估项目为由拒绝支付评估服务费，M 资产评估有限公司遂将其告上法庭。

要求：

（1）在上述资料中，根据有关法律法规和资产评估准则的要求，M 资产评估有限公司和 Z 公司的行为存在什么不合理之处？

（2）请简述资产评估准则规定的资产评估基本程序内容。

（3）如何对资产评估机构及其评估专业人员的独立性进行分析与评价？

2023年资产评估师资格全国统一考试《资产评估基础》大模考热身试卷（三）参考答案及解析

一、单项选择题

1. 【答案】D

【解析】资产评估机构的备案信息不齐全或者备案材料不符合要求的，省级财政部门应当在接到备案材料5个工作日内一次性告知需要补正的全部内容。资产评估机构应当根据要求，在15个工作日内补正。选项D正确，其他选项均错误。

2. 【答案】D

【解析】目前相关资产评估准则并未对审核级次作出具体的规定。

3. 【答案】B

【解析】《资产评估执业准则——资产评估报告》第十条规定："通常，只有当评估基准日与经济行为实现日相距不超过1年时，才可以使用资产评估报告。"对涉及国有资产的资产评估项目，我国《企业国有资产评估管理暂行办法》也明确规定"经核准或备案的资产评估结果使用有效期为自评估基准日起1年"。选项B正确，其他选项均错误。

4. 【答案】B

【解析】本题中评估对象属于需要运输、安装的资产，按重置核算法，资产的重置成本具体由资产的现行购买价格、运杂费、安装调试费以及其他必要费用构成，将上述取得资产的必需费用累加起来，便可计算出资产的重置成本。

直接成本=购买价格+运费+直接安装成本=180000+5000+20000=205000（元）；

间接安装成本=20000×25%=5000（元）；

重置成本=直接成本+间接安装成本=205000+5000=210000（元）。

5. 【答案】C

【解析】选项C属于项目团队层级审核的主要内容。

6. 【答案】C

【解析】我国资产评估行业的行政管理侧重方向性指导以及机构资质管理，自律管理侧重具体运行以及队伍的日常管理。

7. 【答案】D

【解析】该系列现金流量为年金，且为普通年金，现值=20×（P/A，6%，10）=20×7.3601=147.202（万元）。

8. 【答案】C

【解析】自愿进行的评估的特点包括：①委托人自愿委托；②评估业务由评估机构承接；③评估报告可以由评估师和其他评估专业人员签署。同时，《资产评估法》第四十四条规定，评估专业人员私自接受委托从事业务、收取费用的，由有关评估行政管理部门予以警告，可以责令停止从业6个月以上1年以下；有违法所得的，没收违法所得；情节严重的，责令停止从业1年以上5年以下；构成犯罪的，依法追究其刑事责任。选项C错误，其他选项均正确。

9. 【答案】D

【解析】现状利用假设要求对一项资产按照其目前的利用状态及利用方式进行价值评估。现状利用方式并不一定就是相关资产的最高最佳使用方式。选项D错误。

10. 【答案】B

【解析】因法律法规规定、客观条件限制，无法或者不能完全履行资产评估基本程序，经采取措施弥补程序缺失，且未对评估结论产生重大影响的，可以出具资产评估报告。

11. 【答案】B

【解析】局部均衡是指单个市场或部分市场的供求与价格之间的关系所处的相对静止状态，它不考虑市场之间的相互联系和影响。一般均衡理论寻求在整体经济的框架内解释生产、消费和价格问题，假定各种商品的供求和价格都是相互影响的，局部均衡理论不考虑市场之间的相互联系和影响。

12. 【答案】D

【解析】资产评估机构、资产评估专业人员对所承接的资产评估项目，必须确信具有相应的专业知识和经验，能够胜任该项业务，不得接受其能力无法完成的资产评估项目，除非采取其他有效措施保证能够有效地完成该项评估业务，包括：①与具有相关专业知识和经验的资产评估机构或资产评估专业人员联合进行评估；②聘用具有所需专业知识或经验的专业人士；③资产评估专业人员通过学习达到要求。选项D错误，其他选项均正确。

13. 【答案】C

【解析】转让评估目的是最常见的评估目的，而题干中的经济行为涉及的资产评估目的是以公司设立、改制、增资为目的的，并非以转让为目的，所以，选项C错误，其他选项均正确。

14. 【答案】B

【解析】替代原则是指价格最低的同质商品对其他同质商品具有替代性，即相同效能的资产，最低价格的资产需求最大。任何理性的投资者对具有相同效用的商品，必定选择价格较低的；在价格相同时，必定选择效用较大的商品。作为一种市场规律，在同一市场上，具有相同使用价值和质量的商品,应有大致相同的交换价格。正确运用替代原则是资产评估公正性的重要保证。

15. 【答案】D

【解析】财政部颁布的《资产评估行业财政监督管理办法》规定,资产评估机构违反"分支机构应当在资产评估机构授权范围内,依法从事资产评估业务,并以资产评估机构的名义出具资产评估报告"规定造成不良后果的,由其分支机构所在地的省级财政部门责令改正,对资产评估机构及其法定代表人或执行合伙事务的合伙人分别予以警告;没有违法所得的,可以并处资产评估机构一万元以下罚款;有违法所得的,可以并处资产评估机构违法所得一倍以上三倍以下、最高不超过三万元的罚款;同时通知资产评估机构所在地省级财政部门。

16. 【答案】B

【解析】一种商品价格下降,会引起其互补品需求量的增加,互补品的需求曲线将向右移动。商品的需求量和互补品的价格呈反向变动。

17. 【答案】A

【解析】市价折扣法一般只适用于评估对象与参照物之间仅存在交易条件方面差异的情形。价格指数法一般只运用于评估对象与参照物之间仅有时间因素存在差异的情形,且时间差异不能过大。

18. 【答案】C

【解析】工作底稿是资产评估专业人员在执行评估业务过程中形成的,反映评估程序实施情况、支持评估结论的工作记录和相关资料。

19. 【答案】B

【解析】评估目的直接或间接地决定和制约着资产评估的条件以及价值类型的选择。不同评估目的可能会对评估对象的确定、评估范围的界定、价值类型的选择以及潜在交易市场的确定等方面产生影响。选项B正确,其他选项均错误。

20. 【答案】C

【解析】经济性贬值率=$\{1-[(2000-500)\div 2000]^{0.6}\}\times 100\%=(1-0.84)\times 100\%=16\%$。

21. 【答案】D

【解析】残余价值指机器设备、房屋建筑物或者其他有形资产等的拆零变现价值估计数额,选项D表述的不是残余价值的概念,而是清算价值的概念,选项D错误。

22. 【答案】D

【解析】编制资产评估计划是项目承接和前期组织阶段需要履行的工作。

23. 【答案】A

【解析】无形资产评估的特殊考量包括但不限于:无形资产折现率/回报率、无形资产的经济寿命以及税收摊销收益。

24. 【答案】D

【解析】通常情形下，评估专业人员需要考虑以下因素：①亏损企业一般不采用与净利润相关的价值比率；②可比参照物与被评估企业的资本结构存在较大差异，则不宜选择部分投资口径的价值比率。如股权投资口径价值比率；③轻资产企业不宜选择与资产规模相关的价值比率，应当尽量考虑采用与收益类相关的价值比率；④对于成本和利润较为稳定并且资本结构近似的企业，可以采用收益口径的价值比率；⑤可比参照物与被评估企业的税收政策不一致，偏向于采用与税后收益相关的价值比率，从而可以有效减少由于税收不一致而导致的价值差异性。

25. 【答案】C

【解析】遇到需要调整评估计划的情况时，资产评估专业人员应尽快与委托人、其他相关当事人进行沟通，根据已确定的方案及时调整评估计划。

26. 【答案】B

【解析】这句话的意思是：物价贵到极点，就一定会下跌；物价贱到极点，就一定会上涨。说明古人已经意识到价格由价值决定，并受供求关系影响，价格围绕价值上下波动，这正是价值规律的表现形式，选项B正确；题目中没有提及计划机制的作用，不应选A；题目中涉及的是供求关系对价格的影响，而不是供求关系对价值的影响，选项C观点不符合题意；商品的价值是由社会必要劳动时间决定的，而不是由劳动决定的，选项D错误。

27. 【答案】A

【解析】市场价格高于均衡价格，则供大于求，市场出现商品过剩或超额供给。在市场自发调节下，超额供给会导致商品价格下降，供给方也会减少供应量，使价格回落到均衡价格水平。相反，如果市场价格低于均衡价格，则商品供不应求，形成商品短缺，超额需求会引发商品价格上涨，供给方也会增加供应量，使价格提升至均衡价格水平。因此，在市场机制的作用下，供求不相等的非均衡状态会逐步消失，商品的市场价格会趋近均衡价格水平。故选项A正确。

28. 【答案】C

【解析】资产必须是特定主体拥有或控制的。依法获得财产权利是特定主体能够拥有或控制相关资产的前提条件，因此，对资产的拥有或控制主要体现在对资产产权的界定和保护上。在现代市场经济下，拥有或控制相关资产，可以是完全拥有其所有权，也可以是不拥有该项资产的所有权，但是却能依据合法程序实施控制。企业融资租入的固定资产，虽然所有权不属于企业，但是由于企业实质上获得了该资产所产生的主要经济利益，同时承担了与资产有关的风险，表明企业实际控制了该项资产，因此，也应确认为企业的资产。

29. 【答案】D

【解析】《中央企业资产评估项目核准工作指引》（国资发产权〔2010〕71号）规定，国资委聘请的专家应当重点审查评估基准日的选择、评估方法、评估过程是否符合相关评估准则的规定；评估机构在评估过程中是否履行了必要评估程序，评估过程是否完整，是否存在未履行评估准则规定的必要评估步骤的行为；评估报告是否符合《企业国有资产评估报告指南》规定要求。选项D错误，其他选项均正确。

30.【答案】D

【解析】边际效用递减规律：每增加一个单位商品或劳务，消费者心理上会感到增加的满足或效用越来越小。即随着商品或劳务消费量的增加，总效用递减的速度不断增加。也就是说，在一定时间内，在其他商品的消费数量保持不变的条件下，随着消费者对某种商品消费量的增加，消费者从该商品连续增加的每一消费单位中所得到的效用增量即边际效用是递减的。选项 D 正确，其他选项均错误。

二、多项选择题

1.【答案】ADE

【解析】国有资产评估报告对评估对象与评估范围应说明的内容包括三个方面：委托评估的评估对象与评估范围；委托评估的资产类型、账面金额；委托评估的资产权属状况（含应当评估的相关负债）。

2.【答案】AE

【解析】委托人作为评估报告使用人，有权按照法律和行政法规规定、资产评估委托合同约定和资产评估报告载明的使用范围和方式使用评估报告或评估结论，选项 A 不会给资产评估机构带来业务风险。资产评估机构和资产评估专业人员不承担非评估报告使用人使用评估报告的任何后果和责任，选项 E 也不会给资产评估机构带来业务风险。

3.【答案】ABCE

【解析】成本途径通过计算资产的现行更新重置成本或复原重置成本，并扣除其实体性贬值和所有其他相关形式的贬值，提供一个指示性价值。选项 D 错误，其他选项均正确。

4.【答案】AC

【解析】依据《资产评估执业准则——资产评估程序》，评估项目实施阶段的工作内容包括现场调查、收集整理评估资料、评定估算和编制出具评估报告等。

5.【答案】ABCD

【解析】资产评估目的直接或间接地决定和制约着资产评估的条件以及价值类型的选择，选项 E 错误，其他选项均正确。

6.【答案】AE

【解析】直接计算法主要测算的是因收益额减少所导致的经济性贬值，间接计算法主要测算的是因资产利用率下降所导致的经济性贬值，选项 A 错误。经济性贬值额的计算应以评估对象的重置成本或重置成本减去实体性贬值和功能性贬值后的结果为基数，按确定的经济性贬值率估测，选项 E 错误。

7.【答案】CE

【解析】依据劳动价值论的基本原理，生产者率先改进技术设备，采用先进的经营管理，劳动生产率提高，生产商品的个别劳动时间就低于社会必要劳动时间，能在单位时间里生产更多的商品，因而在交换中就获利较多。说明价值规律能刺激商品生产者的积极性。商品生产者为了多获利润，就必须不断进行技术创新，加强经营管理，提高劳动生产率，在竞争中努力降低商品的价格。

8. 【答案】BE

【解析】《资产评估法》和《资产评估基本准则》都作出规定，评估机构及其评估专业人员在执业过程中应遵循独立、客观、公正原则，这是由资产评估工作的性质决定的。一方面，资产评估机构及其资产评估专业人员以专业知识和技能为社会提供资产评估服务，需要从专业和职业道德角度规范其从业行为，保障委托人的合法权益、保护公共利益。另一方面，坚持独立、客观、公正原则，有利于资产评估机构及其资产评估专业人员维护专业形象，赢得社会信任，促进资产评估行业健康可持续发展。独立、客观、公正既是资产评估机构及其资产评估专业人员开展资产评估业务应当遵守的工作原则，也是对其从事资产评估工作的职业道德要求。

9. 【答案】ABD

【解析】按照可用性原则，评估资料可以划分为可用性评估资料、有参考价值的评估资料、不可用评估资料。

10. 【答案】BD

【解析】法定资产评估业务的，委托人的确定需要符合国家有关法律、法规的规定，非法定评估委托人的确定可以基于自愿协商的原则进行，选项B错误；当评估委托人对资产评估报告结论、评估金额、评估程序等方面有不同意见时，可以要求评估机构解释，选项D错误。其他选项均正确。

11. 【答案】BDE

【解析】完全垄断市场需要具备的条件，主要包括：①只有唯一的供给厂商和众多的需求者；②厂商生产和销售的商品没有替代品；③其他厂商无法进入该行业。

12. 【答案】BCD

【解析】中国资产评估协会依照法律、行政法规、《资产评估行业财政监督管理办法》和协会章程的规定，负责全国资产评估行业的自律管理，选项B错误；财政部具体组织制定资产评估行业监督管理办法，选项C错误；省级财政部门负责本地区资产评估机构和分支机构的备案管理，选项D错误。

13. 【答案】ACDE

【解析】如果某只股票的β系数为1.1，则说明市场整体上涨10%时，该只股票上涨11%。

14. 【答案】ABCE

【解析】选项D没有违反相关规定，其他选项均违反规定，要承担相应的法律责任。

15. 【答案】BDE

【解析】普通年金现值系数$=\dfrac{1-1+r^{-n}}{r}=\dfrac{1-复利现值系数}{r}$，选项A错误；普通年金终值系数$=\dfrac{(1+r)^n-1}{r}=\dfrac{复利终值系数-1}{r}$，选项B正确；普通年金现值系数和普通年金终值系数并不是互为倒数，选项C错误；选项D、选项E正确。

三、综合题

1.【答案及解析】

（1）计算重置成本。

材料费重置成本=4000000×（1+10%）×（1+15%）×（1+12%）×（1+15%）×（1+20%）×（1+25%）=9775920（元）；

安装费和其他费用重置成本=（350000+650000）×（1+10%）×（1+11%）×（1+12%）×（1+15%）×（1+18%）×（1+20%）=2226870（元）；

重置成本=9775920+2226870=12002790（元）。

（2）计算实体性贬值。

实体性贬值率=6÷（6+9）=40%；

实体性贬值=12002790×40%=4801116（元）。

（3）计算功能性贬值。

年人工成本净超额支出=400000×（1-25%）=300000（元）；

功能性贬值=$\dfrac{300000}{10\%}\times\left[1-\dfrac{1}{(1+10\%)^9}\right]$=300000×5.7590=1727700（元）。

（4）计算经济性贬值。

正常开工的生产能力=1000×90%=900（吨）；

经济性贬值率=[1－（900/1000）$^{0.6}$]×100%=6%；

经济性贬值=12002790×6%=720167（元）。

（5）计算被评估设备评估值。

评估值=12002790－4801116－1727700－720167=4753807（元）。

2.【答案及解析】

（1）选派资产评估师Y担任本评估项目的负责人不恰当。根据《资产评估法》和相关评估准则的要求，评估机构及其评估专业人员在对自身专业能力、独立性、业务风险分别进行综合分析与评价后，应对评价结果的影响予以充分考虑，决定是否受理评估业务。一般在自身专业能力、独立性均满足要求，并且业务风险可承受时，评估机构可以受理该业务。资产评估师在承接业务时，与委托方或者相关当事方存在利害关系时，应主动回避。本题中，评估师Y持有甲公司股票，与甲公司存在可能影响独立性的利害关系，所以选派资产评估师Y担任本评估项目的负责人不恰当。

（2）评估机构及其评估专业人员主要通过关联关系筛查、申报、核查等方式，了解可能影响独立性的情形，判断是否存在明显或潜在的利益冲突、现实或可能的利益关系。关联关系筛查、申报、核查包括：①对评估机构及其评估专业人员已执行的业务进行筛查。②评估机构通过安排评估专业人员填写项目独立性调查表等方式，使评估专业人员对是否存在经济利益关联、人员关联、业务关联等情况向评估机构进行申报。③评估机构对评估专业人员申报的关联情况进行适当核查。

（3）资产评估专业人员在选择资产评估方法时，应当充分考虑影响评估方法选择的因素。所考虑的因素主要包括：①评估目的和价值类型；②评估对象；③评估方法的适用条件；④评估方法应用所依据数据的质量和数量；⑤影响评估方法选择的其他因素。当满足采用不同评估方法的条件时，资产评估专业人员应当选择两种以上评估方法，通过综合分析形成评估结论。

（4）应该选择市场法和资产基础法。本题资料中给出了乙企业的资产、负债及权益情况，所以资产基础法所需的基础数据都有了，用资产基础法进行评估比较容易。第二种方法建议选用市场法，甲公司是上市公司，又因为题目资料中给出了"近年来，游戏开发和运营企业在资本市场备受青睐，不少上市公司纷纷对一些具有发展潜力的游戏企业实施兼并收购。"可见，市场上这类收购案例较多，采用市场法能够较容易地获取比较案例，并进行评估。

3. 【答案及解析】

（1）根据有关法律法规和资产评估准则的要求，M 资产评估有限公司和 Z 公司的行为存在的不合理之处包括：①M 资产评估有限公司不应该选资产评估师 N 担任该项目负责人。因为资产评估师 N 持有 Z 公司 5 万股股票，并打算长期持有，与 Z 公司存在利益关系，可能影响其专业判断。为了保持评估的独立性，资产评估师 N 应当回避，M 资产评估有限公司应该选择与 Z 公司没有关联关系的其他资产评估专业人员担任评估项目负责人。②M 资产评估有限公司应该编制资产评估计划，不得随意减少资产评估程序。相关资产评估准则明确规定，资产评估机构及其资产评估专业人员应该执行必要的资产评估程序，不得出于节约成本等原因随意减少资产评估基本程序。③不应该由资产评估师 N 与 Z 公司订立资产评估委托合同。评估机构是订立评估委托合同的法律主体之一。根据我国资产评估行业的现行规定，评估专业人员承办资产评估业务，应当由其所在的资产评估机构统一受理，并由评估机构与委托人订立书面评估委托合同。④Z 公司应当支付 M 资产评估有限公司的评估服务费。对因法定情由提前终止和解除资产评估委托合同的情形以及其他非资产评估机构及其评估专业人员原因导致资产评估委托合同解除的情形，资产评估机构可以依据法律规定和相关资产评估准则要求，在洽商、订立资产评估委托合同时与委托人约定：相关法定或特定的资产评估委托合同提前终止、解除的情形发生时，由委托人按照已经开展资产评估业务的时间、进度，或者已经完成的工作量支付相应的评估服务费。

（2）资产评估准则规定的八大基本评估程序包括：①明确业务基本事项；②订立业务委托合同；③编制资产评估计划；④进行评估现场调查；⑤收集整理评估资料；⑥评定估算形成结论；⑦编制出具评估报告；⑧整理归集评估档案。

（3）资产评估机构及其评估专业人员主要通过关联关系筛查、申报、核查等方式，了解可能影响独立性的情形，判断是否存在明显或潜在的利益冲突、现实或可能的利益关系。关联关系筛查、申报、核查包括：①对评估机构和评估专业人员已执行的业务进行筛查；②评估机构通过安排评估专业人员填写项目独立性调查表等方式，使评估专业人员对是否存在经济利益关联、人员关联、业务关联等情况向评估机构进行申报；③评估机构对评估专业人员申报的关联情况进行适当核查。

2023年资产评估师资格全国统一考试《资产评估基础》大模考热身试卷（四）

一、单项选择题（共30题，每题1分，共30分。每题的备选项中，只有一个最符合题意）

1. 在普通年金终值系数的基础上乘以（1+r）的计算结果，应当等于（   ）。
   A. 递延年金终值系数
   B. 预付年金终值系数
   C. 永续年金终值系数
   D. 后付年金终值系数

2. 关于资产评估委托合同，下列表述中，错误的是（   ）。
   A. 资产评估机构与委托人协商一致，可以解除资产评估委托合同，且无须承担违约责任
   B. 采用合同书形式订立合同，在签字或者盖章之前，该合同不成立，资产评估机构及其评估专业人员开展的评估活动应归于无效
   C. 资产评估委托合同应当由资产评估机构的法定代表人（或执行合伙事务合伙人）签字并加盖资产评估机构印章
   D. 资产评估委托合同的内容应当以书面形式明确，应当符合国家法律、行政法规和资产评估行业的管理规定

3. 以下行为中，没有违反资产评估相关法律法规规定的是（   ）。
   A. 资产评估机构、会计师事务所备案前，资产评估师或者注册会计师以个人名义从事证券服务业务
   B. 为股票发行出具资产评估报告的人员在该股票承销期满3个月后，在证券市场上买卖该种股票
   C. 为股票发行出具资产评估报告的人员，在涉及证券的发行的信息公开前建议朋友买卖该证券
   D. 资产评估机构仅指定一名取得资产评估师资格的本机构股东专门负责执业质量控制

4. 下列关于我国资产评估准则产生与发展情况的表述，错误的是（   ）。
   A. 2007年，涉及主要评估程序和主要执业领域的资产评估准则基本建成，初步构建了资产评估准则体系
   B. 2004年，财政部发布《资产评估准则——基本准则》和《资产评估职业道德准

则——基本准则》，奠定了当时整个资产评估准则体系的基础

C. 2001年，财政部发布的《资产评估准则——企业价值》，标志着我国资产评估准则建设迈出了第一步

D. 2016年，《资产评估法》对资产评估准则的规范主体、重要术语、评估程序、评估方法以及评估报告等内容作出了规定

5. 资产评估工作原则是指评估机构及其评估专业人员在执业过程中应遵循的基本原则，主要包括独立、客观、公正原则。这是由（　　）决定的。
A. 资产评估工作的需要　　　　B. 资产评估工作的性质
C. 资产评估的职能作用　　　　D. 资产评估的发展特点

6. 下列关于资产评估方法的表述中，错误的选项是（　　）。
A. 选取价值比率时，若可比参照物与被评估企业的资本结构存在较大差异，则不宜选择收益口径的价值比率
B. 现行市价法是以成交价格为标准的，有的资产在市场交易过程中，报价或目录价与实际成交价会因交易对象、交易批量等原因存在差异
C. 价格指数法也称物价指数法，是利用与资产有关的价格变动指数，将评估对象的历史成本（账面价值）调整为重置成本的一种方法
D. 企业的收益额通常表现为净利润或净现金流量，而房地产则通常表现为出租性房地产的净运营收益或者自营的房地产的归属于房地产所有者的净收益等

7. 下列关于资产评估基准日的表述，错误的是（　　）。
A. 资产评估基准日是资产评估结论对应的时间基准
B. 资产评估基准日可以用于确定评估报告结论的使用期限
C. 现时性评估的评估基准日应该选择会计期末
D. 现时性评估、追溯性评估和预测性评估的划分依据是评估基准日的不同

8. 根据《资产评估法》，地方性资产评估协会的章程，应当报当地人民政府登记机关核准，具体的核准部门是（　　）。
A. 财政部门　　　B. 民政部门　　　C. 工商部门　　　D. 主管部门

9. 某机器设备于2017年12月投产，2022年12月评估时，名义已使用年限是5年。根据该机器设备技术指标，在正常使用情形下，每天应工作10小时，实际每天工作8.5小时。由此可以计算其实际已使用年限为（　　）年。
A. 4.15　　　B. 4.75　　　C. 4.45　　　D. 4.25

10. 关于资产评估计划的调整，下列表述中，错误的是（　　）。
A. 由于委托人经济行为涉及的评估对象、评估范围、评估基准日发生变化，会导致评估计划的调整
B. 遇到需要调整评估计划的情况时，为保持评估的独立性，资产评估专业人员应尽量避免委托人、其他相关当事人的干预，根据已确定的方案独立调整评估计划
C. 调整计划时，往往涉及对评估专业人员进行调整、对部分评估工作做出重新安排，

对评估技术方案进行修正等

D. 委托人提供资料不真实，工作推进后发现需要进一步补充资料和增加现场工作时间，这属于操作层面的资产评估计划的调整

11. 下列关于完全竞争市场的表述中，错误的是（　　）。

A. 完全竞争厂商都不能影响市场的生产（销售）数量和价格水平，只能被动地接受既定的市场价格，而不能决定市场价格

B. 完全竞争市场对厂商产品的需求曲线是一条水平线，所对应的价格是整个行业的供求均衡价格

C. 在长期，厂商可以通过调整全部生产要素使边际收益等于长期边际成本，达到利润最大化

D. 个别市场参与者的购销量可能占整个市场交易量的一半以上，有相对的比较优势

12. 关于资产评估报告的基本要求，下列表述中，错误的是（　　）。

A. 在评估基准日后两年内的某个时期经济行为发生时，市场环境未发生较大变化，评估结论在此期间仍然有效

B. 有时评估基准日至经济行为发生日不到一年，但市场条件或资产状况发生了重大变化，评估报告的结论失效，这时也应该重新评估

C. 如果程序受限对评估结论产生重大影响或者无法判断其影响程度的，不应出具资产评估报告

D. 法定评估业务的资产评估报告应当由至少两名承办该项业务的资产评估师签名并加盖资产评估机构印章

13. 下列关于资产评估委托合同的订立、补充或变更、提前终止及解除的表述，错误的是（　　）。

A. 资产评估委托合同应当由资产评估机构的法定代表人（或执行合伙事务合伙人）签字并加盖资产评估机构印章

B. 订立资产评估委托合同后，发现相关事项存在遗漏，资产评估专业人员可以和委托人协商一致，口头补充

C. 评估机构可以与委托人提前约定，若委托人提前终止评估，委托人应按照已经开展评估业务的时间、进度、或已经完成的工作量支付相应的评估服务费

D. 委托人要求出具虚假资产评估报告或者有其他非法干预评估结论情形的，资产评估机构有权单方解除合同

14. 根据《国际评估准则230——存货》的规定，下列表述中，错误的是（　　）。

A. 通常，存货评估采用的价值类型是由国际评估准则理事会定义的

B. 使用收益途径对存货进行评估，需要将评估日期前的利润（价值）与评估日期后的利润（价值）进行分摊

C. 增值过程的确认和无形资产的回报是对存货评估的特殊考量之一

D. 市场途径，即参考涉及相同或类似商品的市场活动，在存货评估方面只有狭义的直接应用

15. 关于价值类型，下列表述中错误的是（   ）。

   A. 价值类型是指资产评估结果的价值属性及其表现形式，不同价值类型从不同角度反映资产评估价值的属性和特征

   B. 清算价值是一个资产拥有者需要变现资产的价值，是一个退出价，不是购买资产的进入价

   C. 投资价值与市场价值相比，最为重要的差异在于，投资价值会受到特定交易者的投资偏好或所追求协同因素的影响

   D. 如果交易当事人拥有特定的身份，比如股权的受让方为该企业股东，则要求在评估时选择投资价值

16. 在寡头垄断市场价格领导模型下，价格领导模型通常表现形式不包括（   ）。

   A. 支配型价格领先　　　　　　　　B. 晴雨表型价格领先

   C. 利润最高型价格领先　　　　　　D. 成本最低型价格领先

17. Y 公司是一个有限责任公司，该公司长期投资于 L 公司、M 公司和 N 公司等三个公司。现需要对 Y 公司进行转让目的的评估，则其评估对象就是 Y 公司的（   ）。

   A. 股东权益　　　B. 长期股权投资　　C. 整体权益　　D. 资产及负债

18. 评估专业人员违反《资产评估法》规定，给委托人或者其他相关当事人造成损失的，由（   ）依法承担赔偿责任。

   A. 其所在的评估机构　　　　　　　B. 评估专业人员本人

   C. 资产评估项目负责人　　　　　　D. 签字的资产评估师

19. 下列关于资产评估假设的表述，正确的是（   ）。

   A. 交易假设是资产评估中的一个重要假设，其他假设都是以交易假设为基本参照的

   B. 持续经营假设实际是一项针对企业或业务资产组等经营主体的假设，是资产评估得以进行的一个最基本的前提假设

   C. 现状利用假设是指一项资产在法律上允许、技术上可能、经济上可行，经过充分合理的论证，能使该项资产实现其最高价值的使用

   D. 原地使用是指一项资产在原来的安装地继续被使用，其使用方式和目的可能不变，也可能会改变

20. 关于资产评估目的，下列表述中，错误的是（   ）。

   A. 有限责任公司变更为股份有限公司时，该经济行为所对应的评估目的是确定该有限责任公司用于折股的公司总资产的市场价值，用于核实折股后的实收股本总额

   B. 股东在转让其持有的有限责任公司的股权时，该经济行为所对应的评估目的一般是确定拟转让股权的市场价值，为股权转让方确定股权转让价格提供股权价值参考

   C. 资产评估目的是委托人对资产评估结论的使用要求，或是委托人或资产评估报告使用人对资产评估结论的具体用途，在整个资产评估过程中具有十分重要的作用

   D. 委托人计划实施的经济行为决定了资产评估目的，不同评估目的可能会对评估对象的确定、评估范围的界定、价值类型的选择以及对应交易市场的确定等产生影响

21. 政府希望通过收取消费税来限制木制一次性筷子的使用，利用的是（   ）。
   A. 需求理论   B. 供给理论   C. 凡勃伦效应   D. 市场结构理论

22. 根据《资产评估行业财政监督管理办法》，下列表述中错误的是（   ）。
   A. 在我国，财政部门监管的资产评估领域具有综合性，其对资产评估行业监督管理实行行政监管、行业自律与机构自主管理相结合的原则
   B. 资产评估专业人员应当与资产评估机构签订劳动合同，建立社会保险缴纳关系，按照国家有关规定办理人事档案存放手续
   C. 资产评估机构设立分支机构的，由资产评估机构提交资产评估机构设立分支机构备案表等材料，向其机构所在地工商部门备案
   D. 财政部门受理投诉、举报，应当采用书面审查的方式及时进行处理，必要时可以成立由本部门两名以上执法人员和聘用的专家组成的调查组，进行调查取证

23. 在具体运用市场法进行居住用房地产评估时，评估专业人员要视评估对象的具体情形考虑的主要可比因素是（   ）。
   A. 开发商因素   B. 地理位置   C. 建筑成本   D. 房屋成新率

24. 下列有关资产评估经济技术原则的表述中，错误的是（   ）。
   A. 贡献原则主要适用于确定构成整体资产的各组成要素资产的贡献，或者当整体资产缺少该要素时将发生的损失
   B. 评估时点原则为资产评估提供了一个时间基准，资产评估值就是评估基准日的资产价值
   C. 替代原则指在同一市场上，具有相同使用价值和质量的商品，应有大致相同的交换价格，价格最低的同质商品对其他同质商品具有替代性
   D. 在资产评估过程中，资产的价值在于过去的生产成本或销售价格，或者基于对资产未来收益的预期决定

25. 下列关于评估报告的特别事项说明、使用限制说明的表述，错误的是（   ）。
   A. 对于委托人或被评估单位作出相关承诺和说明的，应说明承诺和声明的内容和责任
   B. 评估结论不等同于评估对象可实现价格，评估结论不应当被认为是对评估对象可实现价格的保证
   C. 除委托人、评估委托合同中约定的其他评估报告使用人和法律、行政法规规定的评估报告使用人之外，其他机构和个人使用评估报告必须经评估机构同意
   D. 根据监管部门或委托人要求，资产评估专业人员可以对评估基准日期后重大事项做出披露

26. 如果评估机构及评估专业人员受理某项业务后，未履行或未能恰当履行应有的评估程序，导致未能识别与评估机构及评估专业人员存在的利害关系，其直接后果是（   ）。
   A. 无法保障资产评估业务质量
   B. 无法保证资产评估行为的合法性
   C. 无法防范来自于委托人方面的风险
   D. 无法保证按时完成评估业务

27. 下列有关资产评估机构自主管理的表述中，错误的是（　　）。
   A. 资产评估机构应当遵守独立性原则和业务回避要求，不得受理与其合伙人或者股东存在利害关系的业务
   B. 资产评估机构和分支机构都可以加入资产评估协会，但享有的会员权利、履行的会员义务不完全相同
   C. 资产评估机构根据业务需要建立职业风险基金管理制度，或者自愿办理职业责任保险，完善职业风险防范机制
   D. 实行集团化发展的资产评估机构，应当在质量控制等方面，对设立的分支机构实行统一管理

28. 如果供求理论成立，当市场价格高于均衡价格时，（　　）。
   A. 会存在短缺且均衡价格将会上升直到等于市场价格、短缺消失
   B. 会存在过剩且市场价格将会下降直到等于均衡价格、过剩消失
   C. 会存在过剩且均衡价格将会上升直到等于市场价格、过剩消失
   D. 会存在短缺且均衡价格将会下降直到等于市场价格、短缺消失

29. 被评估房地产于 2023 年 4 月 30 日进行评估，该类房地产 2022 年 11 月至 2023 年 4 年各月末的价格与 2022 年 10 月相比，分别上涨了 2.5%、5.7%、6.8%、7.3%、9.6%、10.5%。参照房地产在 2023 年 1 月末的价格为 9800 元 / m²。则评估对象在 2023 年 4 月 30 日的评估价值为（　　）元/m²。
   A. 10679　　　　B. 10140　　　　C. 9960　　　　D. 9870

30. 根据效用价值论的观点，下列最符合边际效用递减规律的是（　　）。
   A. 随着约会次数的增多，恋爱中的两个人都觉得对方的吸引力在逐渐减弱
   B. 往农田里撒第一包化肥增产最多，第二、第三包化肥增产效果递减
   C. 随着小明锻炼次数的增加，减肥效果越来越不明显
   D. 随着记忆次数的增加，记忆效果逐渐加强，每次记忆的作用呈递减趋势

二、多项选择题（共 15 题，每题 2 分，共 30 分。每题的备选项中，有 2 个或 2 个以上符合题意，至少有 1 个错项。错选，本题不得分；少选，所选的每个选项得 0.5 分）

1. 根据资产表现形态的差异，可以将国有资产划分为（　　）。
   A. 企业国有资产　　　　　　　　B. 行政事业性国有资产
   C. 中央国有资产　　　　　　　　D. 地方国有资产
   E. 资源性国有资产

2. 下列底稿资料中，属于管理类工作底稿的有（　　）。
   A. 机器设备评估时收集的设备询价记录
   B. 资产评估专业人员编制的评估计划
   C. 评估机构对于资产评估报告的审核意见
   D. 资产评估业务基本事项的记录
   E. 资产评估业务执行过程中的重大问题处理记录

3. 在运用成本法进行资产评估时，下列表述正确的是（　　）。

A. 资产的重置成本就是资产的现行再取得成本

B. 重置成本是一个价格范畴，包含了取得资产所耗费的合理必要费用及合理必要的资金成本和利润

C. 重置成本又分为复原重置成本和更新重置成本两种，技术进步较快的资产应选取更新重置成本

D. 更新重置成本和复原重置成本都是以现时价格水平重新购建

E. 复原重置成本是指采用与评估对象相同的材料、标准、设计、规格及技术等，以历史价格水平重新购建与评估对象相同的资产所发生的费用

4. 下列关于资产评估基准日的表述，正确的是（　　）。

A. 如果评估基准日选择的是现时日期，则评估结论采用的价格依据和标准是近期有效的，这样的评估就是现时性评估

B. 作为资产评估结果的评估对象价值是一个时点价值，这个时点就是资产评估基准日

C. 资产评估是为特定的经济行为服务的，这个特定的经济行为是存在时效性的

D. 我国《企业国有资产评估管理暂行办法》明确规定"经核准或备案的资产评估结果使用有效期为自评估基准日起 1 年"

E. 资产评估基准日后，评估机构不再负有对被评估资产重大变化进行了解和披露的义务

5. 现场调查受限的原因主要来自某些方面的限制，使资产评估专业人员无法正常开展现场调查工作，这些限制主要包括（　　）。

A. 法律法规　　　　　　　　　　B. 资产性能或置放地点

C. 评估人员的专业能力　　　　　D. 调查技术手段

E. 相关当事人

6. 评估方法的选取应当与评估对象的类型和现实状态相适应。下列表述中，正确的是（　　）。

A. 当满足采用不同评估方法的条件时，资产评估专业人员应当选择两种以上评估方法，通过取算术平均值形成评估结论

B. 资产评估专业人员充分分析评估对象的类型和现实状态，考虑各种评估方法的适用性和局限性

C. 收益法主要适用于现状使用前提下的资产评估，并且评估对象具有实际获利能力

D. 市场法要求在公开市场上有可比的交易案例，并且评估对象与案例的价值影响因素差异可以合理比较和量化

E. 成本法适用于资产的功能作用具有可替代性、资产重置没有法律和技术障碍、重置资产所需要的物化劳动易于计量的评估对象

7. 下列资产选项中，在设立公司时可以用作出资的资产包括（　　）。

A. 特许经营权　　　　　　　　　B. 商标专用权

C. 土地使用权　　　　　　　　　D. 设定担保的财产

E. 自然人姓名

8. 资产评估中的资产，可以从以下几方面理解（　　）。
   A. 资产是现在或将来的交易或事项产生的经济资源
   B. 资产是特定主体拥有或控制的
   C. 作为资产评估对象的资产是必须交易的资产
   D. 资产能够为特定主体带来未来经济利益
   E. 资产是经济资源，具备有用性和稀缺性特点

9. 根据需求理论，对某种商品需求量的影响因素中，表述正确的是（　　）。
   A. 预期商品价格会上升，消费者会减少当期购买的意愿
   B. 商品的需求量与其替代品价格呈现同方向变动
   C. 商品的需求量与其互补品价格呈现反方向变动
   D. 商品的需求量与消费者的偏好程度同方向变化
   E. 商品的需求量与该商品的价格呈现反方向变化

10. 关于现时性评估、追溯性评估和预测性评估的差异，下列表述中，正确的是（　　）。
    A. 现时性评估，评估结论采用的价格依据和标准是近期有效的
    B. 现时性评估，评估结论表达的是评估对象截至评估报告日的现实状态
    C. 在司法诉讼、损失界定、调查追责过程中，通常需要采取现时性评估
    D. 一般追溯性评估结论的计量是以被评估对象在追溯基准日的货币价值体现
    E. 预测性评估，评估对象的状态一般为被预测基准日的预期状态

11. 根据《最高人民法院关于审理证券市场虚假陈述侵权民事赔偿案件的若干规定》（法释〔2022〕2号）的相关规定，下列选项中，不属于证券市场"虚假陈述"行为的是（　　）。
    A. 信息披露义务人披露的信息中对相关财务数据进行重大不实记载，或者对其他重要信息作出与真实情况不符的描述
    B. 信息披露义务人披露的信息隐瞒了与之相关的部分重要事实，或者未及时披露相关更正、确认信息，致使已经披露的信息因不完整、不准确
    C. 评估专业人员与委托人或其他相关当事人恶意串通，对从业中发现或知悉的直接损害利害关系人利益的事项或行为予以隐瞒、不予指明、作出不实报告
    D. 专业中介机构及其从业人员，执行业务未恪尽职守，未能严格遵循法律法规、执业准则的规定，对自身行为损害结果，应当或能够预见却没有预见
    E. 信息披露义务人违反关于信息披露的规定，对重大事件或者重要事项等应当披露的信息未予披露

12. 关于现场调查的手段，下列表述中，正确的是（　　）。
    A. 询问是最常用的调查手段，可以了解资产规模、来源、使用现状、未来利用方式等基本情况，或者企业整体相关信息
    B. 访谈借助调查人与被调查人直接交谈的方式了解调查事项，收集信息资料，具有较好的灵活性和适应性
    C. 核对是资产评估专业人员对书面资料、书面资料的相关记录与相关实物进行审核查

对，以查证其是否相符的调查手段

D. 监盘主要是通过现场监督企业对现金、存货等资产的清点核对工作，判断盘点结果能否反映实际状况及资产数量、质量、金额等

E. 在评估实务中，对特殊资产实施勘查，可以聘请行业专家工作，相关专业机构出具的专业意见可以直接利用

13. 下列关于国际评估准则资产准则的表述，正确的是（   ）。

A. 资产准则包括对特定类型资产的相关要求，当评估特定类型的资产时，必须同时遵循基本准则和资产准则的要求

B. 无形资产在厂房和设备资产分类之外，然而，无形资产可能影响到厂房和设备资产的价值

C. 当评估一项待租赁的"优先权益"或一项由租赁产生的权益时，评估师必须考虑其合同租金和市场租金，两种租金是相同的

D. 对金融工具评估的特殊考量主要是：评估输入、信用风险、流动性和市场活跃度、控制环境

E. 开发性不动产是指在评估基准日，为达到最高最佳用途需要再开发的，或已经考虑改善或正在进行改进所获得的权益

14. 当市场上某种商品供给曲线移动时，可能是因为（   ）。

A. 商品的价格出现增减变化　　　　B. 其互补品的价格出现变化
C. 生产的技术条件出现变化　　　　D. 政府向生产企业提供补贴
E. 生产这种商品的成本的变化

15. 在运用收益法评估资产时，下列选项中，属于收益法应用前提的是（   ）。

A. 评估对象的未来收益可以合理预期并用货币计量
B. 评估对象处于继续使用状态或被假定处于继续使用状态
C. 预期收益所对应的风险能够度量
D. 评估对象必须是可再生、可复制的资产
E. 收益期限能够确定或者合理预期

三、综合题（共 3 题，第 1 题 10 分，第 2 题和第 3 题各 15 分，共 40 分）

1. 近几年来，D 公司的业务发展迅猛，与 D 公司业务可形成经济协同效应的 C 公司经过内部会议，决定收购 D 公司 25%的股权。现 C 公司委托 M 评估机构对 D 公司的股权进行评估。资产评估委托合同中约定，以 2023 年 2 月 1 日为价值评估时点，由委托方向评估机构提供用于评估的相关资料。资产评估机构于 2023 年 3 月 5 日完成评估工作，形成评估结论，于 2023 年 3 月 10 日提交资产评估报告。

要求：
（1）请说明该评估业务的评估基准日以及评估报告日。
（2）资产评估专业人员应选择何种价值类型？请说明理由。
（3）该评估的委托人 C 公司有何义务？
（4）不考虑其他因素，资产评估机构应使用何种评估方法？

2. 李某系 A 资产评估公司的资产评估师、部门经理和项目负责人，于 2023 年 4 月 8 日与甲公司商讨房地产评估事宜。由于李某曾于 2020 年 4 月至 2021 年 9 月在甲公司财务部门任经理，双方比较熟悉，故甲公司以该房地产平均每平方米评估价值不低于 18000 元为条件，决定是否委托 A 资产评估公司进行评估。李某为了评估公司的利益，口头承诺了甲公司的要求，并接受了甲公司的委托。

李某按照资产评估委托合同的要求在 5 日内完成了对甲公司房地产的评估，评估结果为每平方米 17300 元。因李某曾对甲公司有过口头承诺，即不动产评估值不低于每平方米 18000 元。李某认为 17300 元/m^2 与 18000 元/m^2 之差并未超过 10%，属于正常误差范围，而且资产评估本身就是一种估计，带有咨询性质，故以每平方米 18000 元的结果出具了评估报告；并打电话给本评估公司已在外地培训一周的资产评估师周某，得到允许后，加盖李某本人和周某的资产评估师印鉴并签字，又以项目负责人的名义签字，出具了资产评估报告，交与甲公司；同时将该评估报告送给在乙公司当顾问的评估专家赵某一份。

要求：根据以上背景资料，指出其中所述违反资产评估行业规范的行为，并说明理由。

3. 某日，某省国资委纪委在立案查处 JX 国有资产经营管理公司总经理朱某贪污、受贿、挪用公款、贱卖国有资产等严重违法违纪问题时，发现 TJ 资产评估事务所和 ZD 资产评估有限公司，在接受 JX 公司委托实施 PG 办公大楼、职工俱乐部楼、炼钢楼三栋大楼和 PX 铁矿项目评估过程中，违背资产评估工作原则，严重违反《资产评估法》和资产评估准则违规执业，与犯罪嫌疑人同流合污，串通作弊，弄虚作假，随意编造"资产评估报告"，造成国有资产严重流失。

请根据上述资料，回答下列问题：

（1）资产评估工作原则是什么？包括哪些原则？

（2）根据资产评估职业道德准则的规定，对签署评估报告的禁止性要求包括什么内容？

（3）资产评估机构与被评估单位串通作弊，出具虚假评估报告的，按照《资产评估法》相关规定，应该如何处罚？

2023年资产评估师资格全国统一考试《资产评估基础》大模考热身试卷（四）参考答案及解析

一、单项选择题

1.【答案】B

【解析】后付年金即普通年金。预付年金终值系数=$\frac{(1+r)^n-1}{r}(1+r)$，即等于普通年金终值系数乘以（1+r）。

2.【答案】B

【解析】新颁布的《民法典》明确规定，采用合同书形式订立的合同，当事人的签名和盖章是合同成立的必要条件。《民法典》对于合同订立之前当事人一方已经提供事实服务，且为对方接受，视为合同成立。

3.【答案】D

【解析】《证券法》第二百一十三条规定：会计师事务所、律师事务所以及从事资产评估、资信评级、财务顾问、信息技术系统服务的机构违反本法第一百六十条第二款的规定，从事证券服务业务未报备案的，责令改正，可以处20万元以下的罚款，选项A违反规定。《证券法》第四十二条规定：为证券发行出具审计报告或者法律意见书等文件的证券服务机构和人员，在该证券承销期内和期满后6个月内，不得买卖该证券，选项B违反规定。《证券法》第五十三条规定：证券交易内幕信息的知情人和非法获取内幕信息的人，在内幕信息公开前，不得买卖该公司的证券，或者泄露该信息，或者建议他人买卖该证券，选项C违反规定。财政部颁布的《资产评估行业财政监督管理办法》规定，资产评估机构需指定1名取得资产评估师资格的本机构合伙人或者股东专门负责执业质量控制，选项D不违反规定。

4.【答案】C

【解析】2001年，财政部发布《资产评估准则——无形资产》，这是我国资产评估行业的第一项准则，标志着我国资产评估准则建设迈出了第一步。选项C错误，其他选项均正确。

5. 【答案】B

【解析】《资产评估法》第四条要求"评估机构及其评估专业人员开展资产评估业务应当遵守法律、行政法规和评估准则，遵循独立、客观、公正的原则"。《资产评估基本准则》也在"基本遵循"部分对前述资产评估机构及其评估专业人员应当遵循的工作原则加以强调。《资产评估法》和《资产评估基本准则》作出这些规定，是由资产评估工作的性质决定的。

6. 【答案】A

【解析】选取价值比率时，若可比参照物与被评估企业的资本结构存在较大差异，则不宜选择部分投资口径的价值比率。选项A错误，其他选项均正确。

7. 【答案】C

【解析】现时性评估的评估基准日需要选择现时日期，同时应该选择与评估目的相关联的经济行为或特定事项的实施日期接近的日期，选项C错误。

8. 【答案】B

【解析】根据《资产评估法》，全国性评估行业协会的章程，应当报国务院登记管理机关即民政部核准；地方性评估行业协会的章程，应当报当地人民政府登记管理机关即当地民政部门核准。选项B正确，其他选项均错误。

9. 【答案】D

【解析】资产利用率=5×360×8.5÷（5×360×10）×100%=85%；

实际已使用年限=5×85%=4.25（年）；由此，可确定其实际已使用年限为4.25年。

10. 【答案】B

【解析】遇到需要调整评估计划的情况时，资产评估专业人员应尽快与委托人、其他相关当事人进行沟通，根据已确定的方案及时调整评估计划。选项B错误，其他选项均正确。

11. 【答案】D

【解析】在完全竞争市场，由于有众多的买者和卖者参与，相对于市场总需求量和总供给量，单一买者的需求量或单一卖者的供给量所占比例都很微小，都没有能力影响市场的生产（销售）数量和价格水平，只能被动地接受市场已形成的价格，而不能决定市场价格。选项D错误，其他选项均正确。

12. 【答案】A

【解析】在基准日后的某个时期经济行为发生时，市场环境未发生较大变化，评估结论在此期间有效。对于现时性资产评估业务，通常只有当评估基准日与经济行为实现日相距不超过一年时，才可以使用资产评估报告。

13. 【答案】B

【解析】资产评估委托合同签订后，发现相关事项存在遗漏、约定不明确，或者合同履行中约定内容发生变化的，如评估目的、评估对象、评估基准日发生变化等，资产评估机构与委托人可以协议订立补充委托合同或者重新订立评估委托合同，或者协商一致以法律允许的其他方式，如传真、电子邮件等形式，对评估委托合同的相关条款进行变更。

14. 【答案】A

【解析】通常，存货评估是使用国际评估准则理事会以外的实体/组织的价值类型进行的，选项 A 错误，其他选项均正确。

15. 【答案】D

【解析】投资价值与市场价值相比，除受到交易标的因素和交易市场因素的影响差异外，其最为重要的差异还在于，投资价值会受到特定交易者的投资偏好或所追求协同因素的影响。此外，如果交易当事人仅仅拥有特定的身份，比如股权的受让方为该企业股东，则并不必然要求在评估时选择投资价值。

16. 【答案】C

【解析】价格领导模型通常有三种形式：领导型厂商率先确定价格，其他厂商跟随定价。价格领导通常有三种形式：支配型价格领先、成本最低型价格领先和晴雨表型价格领先。

17. 【答案】C

【解析】评估实务中，企业价值评估涉及的企业类型通常包括公司制企业或合伙制企业。对于公司制企业，其评估对象包括企业整体权益、股东全部权益和股东部分权益三种。企业整体权益是指企业的股东、付息债务债权人所提供的资本、资金共同运营所产生的价值。本题是要将 Y 公司作为一个整体进行转让目的的评估，其评估对象应该为企业整体权益，选项 C 正确，其他选项均错误。

18. 【答案】A

【解析】评估专业人员违反《资产评估法》规定，给委托人或者其他相关当事人造成损失的，由其所在的评估机构依法承担赔偿责任。评估机构履行赔偿责任后，可以向有故意或者重大过失行为的评估专业人员追偿。

19. 【答案】D

【解析】公开市场假设是资产评估中的一个重要假设，其他假设都是以公开市场假设为基本参照的，选项 A 错误。交易假设是资产评估得以进行的一个最基本的前提假设，选项 B 错误。现状利用假设是指一项资产按照其目前的利用状态及利用方式对其价值进行评估，选项 C 错误。原地使用是指一项资产在原来的安装地继续被使用，其使用方式和目的可能不变，也可能会改变，选项 D 正确。

20. 【答案】A

【解析】有限责任公司变更为股份有限公司时，折合的实收股本总额不得高于公司净资产额。该经济行为所对应的评估目的是确定该有限责任公司用于折股的公司净资产的市场价值，用于核实折股后的实收股本总额。选项 A 错误，其他选项均正确。

21. 【答案】A

【解析】需求理论认为，一种商品的需求量是由多种影响因素共同决定的。主要的因素有：商品的价格、消费者的收入水平、相关商品的价格、消费者的选择偏好和消费者对该商品价格变动的预期等。此外，影响商品需求的因素还包括人口的数量、结构和年龄，政府的消费政策，社会文化习俗等。一种商品的价格越高，该商品的需求量就会越小。相反，价格越低，需求量就会越大。消费税属于价内税，收取消费税将变相提高木制一次性筷子的价格，能够在一定程度上降低消费者对木制一次性筷子的需求量。同时，寓禁于征，体现政府不鼓励木制一次性筷子消费的政策，也可以减少消费量，进而降低需求量。

22.【答案】C

【解析】资产评估机构设立分支机构的，由资产评估机构向其分支机构所在地省级财政部门备案。选项C错误，其他选项均正确。

23.【答案】B

【解析】从理论上讲，影响资产价值的基本因素大致相同，如资产性质、功能、规模、市场条件等。但具体到每一种资产时，影响资产价值的因素又各有侧重。如影响房地产价值的主要因素是地理位置、环境状况等因素；而技术水平则在机器设备评估中起主导作用；收入状况、盈利水平、企业规模等因素在企业价值评估中相对更突出。所以，运用市场法时应根据不同种类资产价值形成的特点和影响价值的主要因素，选择对资产价值形成影响较大的因素作为对比指标，形成综合反映参照物与评估对象之间价值对照关系的比较参数体系，从多方面形成对比，使影响价值的主要因素能够得以全面反映。

24.【答案】D

【解析】资产之所以具有价值，是因为它能够为其拥有者或控制者带来未来经济利益。因此，在资产评估过程中，资产的价值不在于过去的生产成本或销售价格，而是应当基于对资产未来收益的预期加以决定。预期收益原则是资产评估专业人员判断资产价值的一个最基本的依据。选项D错误，其他选项均正确。

25.【答案】C

【解析】除委托人、资产评估委托合同中约定的其他资产评估报告使用人和法律、行政法规规定的资产评估报告使用人之外，其他任何机构和个人不能成为资产评估报告的使用人。

26.【答案】B

【解析】评估基本程序中的明确业务基本事项，要求明确评估业务的委托人、产权持有人和委托人以外的其他评估报告使用人，如果评估机构及评估专业人员受理某项业务后，未履行或未能恰当履行该评估程序，导致未能识别与评估机构及评估专业人员存在的利害关系，将违反《资产评估法》关于评估专业人员和评估机构不能受理与自身有利害关系的业务的规定，要承担相应的法律责任。

27.【答案】B

【解析】资产评估机构和分支机构加入资产评估协会，平等享有章程规定的权利，履行章程规定的义务。选项B错误，其他选项均正确。

28.【答案】B

【解析】市场价格高于均衡价格，供大于求，市场出现商品过剩或超额供给。在市场自发调节下，超额供给会导致商品价格下降，供给方也会减少供应量，使价格回落到均衡价格水平。

29. 【答案】B

【解析】根据题中条件，应用价格指数法评估。资产评估价值=9800×[（1+10.5%）÷（1+6.8%）]=10140（元／m²）。

30. 【答案】B

【解析】边际效用是指在一定时间内消费者增加一个单位商品或者劳务的消费所得到的增加的效用量或增加的满足，也就是每增加一个单位商品或劳务的消费所得到的总效用增量。根据边际效用定义，只有选项B"化肥"属于商品或者劳务，其他选项虽然也呈现递减趋势，但都不符合这一定义属性，选项B最符合题意。

二、多项选择题

1. 【答案】ABE

【解析】根据资产表现形态的差异，可以将国有资产划分为企业国有资产、行政事业性国有资产以及资源性国有资产。选项A、选项B、选项E正确，选项C、选项D分类含义不明确。

2. 【答案】BCDE

【解析】管理类工作底稿通常包括以下内容：①资产评估业务基本事项的记录；②资产评估委托合同；③资产评估计划；④资产评估业务执行过程中重大问题处理记录；⑤资产评估报告的审核意见。

3. 【答案】ABCD

【解析】复原重置成本，是指采用与评估对象相同的材料、建筑或制造标准、设计、规格及技术等，以现时价格水平重新购建与评估对象相同的全新资产所发生的费用。更新重置成本，是指采用与评估对象并不完全相同的材料、现代建筑或制造标准、设计、规格和技术等，以现行价格水平购建与评估对象具有同等功能的全新资产所需的费用。

4. 【答案】ABCD

【解析】根据目前评估准则的规定以及社会对评估报告的认识惯例，评估报告日的法律意义是，在评估基准日到评估报告日之间，如果被评估资产发生重大变化，评估机构负有了解和披露这些变化及其可能对评估结论产生影响的义务。评估报告日后，评估机构不再负有对被评估资产重大变化进行了解和披露的义务。选项E错误。

5. 【答案】ABDE

【解析】现场调查受限的原因主要来自法律法规、资产性能或置放地点、调查技术手段和相关当事人等方面的限制，使资产评估专业人员无法正常开展现场调查工作。

6. 【答案】BDE

【解析】当满足采用不同评估方法的条件时，资产评估专业人员应当选择两种以上评估方法，通过综合分析形成评估结论，选项A错误；收益法主要适用于持续使用前提下的资产评估，并且评估对象具有预期获利能力，选项C错误。

7. 【答案】BC

【解析】对于可以用于出资的资产，《公司法》规定，"股东可以用货币出资，也可以用实物、知识产权、土地使用权等可以用货币估价并可以依法转让的非货币财产作价出资"。商誉作为不可确指的无形资产只能依附于企业整体存在，不可独立转让。目前我国公司法没有将商誉列为股东可用于出资的资产。《中华人民共和国市场主体登记管理条例》（国务院令第 746 号）第十三条明确规定"公司股东、非公司企业法人出资人、农民专业合作社（联合社）成员不得以劳务、信用、自然人姓名、商誉、特许经营权或者设定担保的财产等作价出资"。选项 B、选项 C、选项 D 正确。

8. 【答案】BDE

【解析】在资产评估中，资产是指由特定权利主体拥有或控制的、预期能够给该主体带来经济利益的经济资源。对于资产的概念，可以从以下三方面理解：①资产是特定主体拥有或控制的；②资产能够为特定主体带来未来经济利益③资产是经济资源。选项 B、选项 D、选项 E 是正确的。

9. 【答案】BCDE

【解析】消费者预期某种商品价格会上升，会增加当期购买的意愿，导致该商品需求量增加，选项 A 错误。其他选项都是正确的。

10. 【答案】ADE

【解析】现时性评估，评估结论表达的是评估对象截至评估基准日现实状态，选项 B 错误；追溯性评估，评估对象应当反映其在追溯基准日时点的物理、权属、利用等状态，在司法诉讼、损失界定、调查追责过程中，通常需要采取追溯性评估，选项 C 错误。其他选项均正确。

11. 【答案】CD

【解析】《最高人民法院关于审理证券市场虚假陈述侵权民事赔偿案件的若干规定》（法释〔2022〕2 号）对"虚假陈述"有相关规定。关于"虚假陈述"的含义，该司法解释第四条规定：信息披露义务人违反法律、行政法规、监管部门制定的规章和规范性文件关于信息披露的规定，在披露的信息中存在虚假记载、误导性陈述或者重大遗漏的，人民法院应当认定为虚假陈述。选项 A 属于虚假记载，选项 B 属于误导性陈述，选项 E 属于重大遗漏，均属于"虚假陈述"。选项 C 属于故意导致的侵权责任，选项 D 属于过失导致的侵权责任，均不属于证券市场"虚假陈述"行为。

12. 【答案】ABCD

【解析】在评估实务中，对特殊资产实施勘查，可以聘请行业专家协助开展工作，但应当采取必要措施确信专家工作的合理性。

13. 【答案】ABDE

【解析】作为不动产权益的特殊考量，当评估一项带租赁的"优先权益"或一项由租赁产生的权益时，评估师必须考虑其合同租金和市场租金，两种租金在某些情形下是不同的。选项 C 错误，其他选项均正确。

14.【答案】BCDE

【解析】当仅仅是商品的价格出现变动时，其供给量沿着供给曲线发生变化，供给曲线不会移动。当商品的价格不变，影响供给的其他因素发生变化时，该商品供给数量的变动表现为供给曲线的位置发生移动，被称为供给的变动。选项 A 错误，其他选项均正确。

15.【答案】ACE

【解析】应用收益法必须具备的前提条件是：①评估对象的未来收益可以合理预期并用货币计量；②预期收益所对应的风险能够度量；③收益期限能够确定或者合理预期。

三、综合题

1.【答案及解析】

（1）该评估业务的评估基准日为 2023 年 2 月 1 日，评估报告日为 2023 年 3 月 5 日。

（2）资产评估专业人员应选择投资价值类型。由于 C 公司与 D 公司的业务可形成经济协同效应，因此，C 公司收购 D 公司的股权存在协同效应，并且这种协同属于经营协同。因此，对于这种明显存在协同效应的评估，资产评估专业人员可以在与委托人商议后，选择投资价值作为价值类型。

（3）根据《资产评估法》，该评估的委托人 C 公司应承担如下义务：①评估委托人不得对评估行为和评估结果进行非法干预，不得串通、唆使评估机构或者评估专业人员出具虚假评估报告；②评估委托人应当按照合同约定向评估机构支付费用，不得索要、收受或者变相索要、收受回扣；③评估委托人应当对其提供的权属证明、财务会计信息和其他资料的真实性、完整性和合法性负责；④评估委托人应当按照法律规定和评估报告载明的使用范围使用评估报告，不得滥用评估报告及评估结论。另外，《资产评估执业准则——资产评估委托合同》第十三条规定：资产评估委托合同应当约定，委托人应当为资产评估机构及其资产评估专业人员开展资产评估业务提供必要的工作条件和协助；委托人应当根据资产评估业务需要，负责资产评估机构及其资产评估专业人员与其他相关当事人之间的协调。

（4）该评估业务的评估目的是股权转让，价值类型是根据交易双方的实际情况确定的投资价值，因此，评估方法首选市场法，在无法使用市场法的前提下，可选用收益法，但是通常不适用成本法。

2.【答案及解析】

（1）问题：甲公司与李某约定评估价值不低于每平方米 18000 元。

理由：为了保证资产评估的客观公正性，任何人都不允许对评估机构或者评估专业人员的评估工作进行非法干预，更不能串通、唆使评估机构或评估专业人员出具虚假评估报告。同时，资产评估是以评估对象的实际状况和评估目的为依据的，最终的评估值只能以实施完所有评估程序后才能确定，评估程序实施前期，评估机构和评估专业人员无法对评估结果做出任何承诺。

（2）问题：李某以资产评估师周某的名义签字并加盖印章。

理由：资产评估师不得签署本人未承办业务的评估报告，亦不得允许他人以本人名义在资产评估报告上签字盖章。

（3）问题：以项目负责人的名义签字，但没有加盖资产评估机构印章。

理由：评估报告正文应加盖资产评估机构印章。

（4）问题：将评估报告书送给在乙企业当顾问的赵某。

理由：资产评估师应保守客户商业秘密，李某不得擅自将评估报告送给他人。

（5）问题：评估结果为每平方米 17300 元，以每平方米 18000 元的结果出具了评估报告。

理由：资产评估专业人员应当对形成的初步评估结论进行分析，判断采用该种评估方法形成的评估结论的合理性。首先应当对评估结论与评估目的、价值类型、评估方案的适应性进行分析；其次对评估资料的充分性、有效性、客观性以及评估参数的合理性、评估模型推算和应用的正确性进行判断；再次对评估增减值进行分析，确定资产评估增值或者减值的原因，并判断其合理性；最后可以通过对类似资产交易案例的分析，对评估结论的合理性进行判断。最终评估结论的合理性，是对资产评估报告审核的主要内容之一。李某认为 17300 元/m² 与 18000 元/m² 之差并未超过 10%，属于正常误差范围，而且资产评估本身就是一种估计，带有咨询性质，故以每平方米 18000 元的结果出具了评估报告，这种做法是没有依据的，也是不合理的。

3. 【答案及解析】

（1）资产评估工作原则是指评估机构及其评估专业人员在执业过程中应遵循的基本原则，主要包括独立、客观、公正原则。《资产评估法》第四条要求"评估机构及其评估专业人员开展资产评估业务应当遵守法律、行政法规和评估准则，遵循独立、客观、公正的原则"。《资产评估基本准则》也在"基本遵循"部分对前述资产评估机构及其评估专业人员应当遵循的工作原则加以强调。《资产评估法》和《资产评估基本准则》作出这些规定，是由资产评估工作的性质决定的。一方面，资产评估机构及其资产评估专业人员以专业知识和技能为社会提供资产评估服务，需要从专业和职业道德角度规范其从业行为，保障委托人的合法权益、保护公共利益。另一方面，坚持独立、客观、公正原则，有利于资产评估机构及其资产评估专业人员维护专业形象，赢得社会信任，促进资产评估行业健康可持续发展。因此，独立、客观、公正既是资产评估机构及其资产评估专业人员开展资产评估业务应当遵守的工作原则，也是对其从事资产评估工作的职业道德要求。

（2）根据资产评估职业道德准则的规定，对签署评估报告的禁止性要求包括：①资产评估专业人员不得签署本人未承办业务的资产评估报告。资产评估机构和资产评估专业人员也不得允许他人以自身名义开展资产评估业务，或者冒用他人名义从事资产评估业务。②资产评估机构及其资产评估专业人员不得出具或签署虚假评估报告或者有重大遗漏的资产评估报告。

（3）资产评估机构与被评估单位串通作弊，出具虚假评估报告的，按照《资产评估法》第四十五条规定：对评估专业人员违反规定，签署虚假评估报告的，由有关评估行政管理部门责令其停止从业 2 年以上 5 年以下；有违法所得的，没收违法所得；情节严重的，责令其停止从业 5 年以上 10 年以下；构成犯罪的，依法追究其刑事责任，终身不得从事评估业务。对评估机构违反规定，出具虚假评估报告的，《资产评估法》第四十八条规定：由有关评估行政管理部门责令其停业 6 个月以上 1 年以下；有违法所得的，没收违法所得，并处违法所得 1 倍以上 5 倍以下罚款；情节严重的，由工商行政管理部门吊销其营业执照；构成犯罪的，依法追究其刑事责任。

2023年资产评估师资格全国统一考试
《资产评估基础》大模考热身试卷（五）

一、单项选择题（共30题，每题1分，共30分。每题的备选项中，只有一个最符合题意）

1. 下列关于《国际评估准则410——开发性不动产》的表述，错误的是（　　）。
A. 对开发性不动产评估的特殊考量包括但不限于：对剩余法、现货资产、财务报告的特殊考量，以及抵押贷款的特殊考量
B. 开发性不动产评估经常包括大量的关于项目完工时条件或状况的假设和特殊假设
C. 开发性不动产是指在评估基准日，按现有用途需要再开发的，或已经考虑改善或正在进行改进所获得的权益
D. 与开发性不动产评估相关的主要是以下两种途径：市场途径和剩余法

2. 评估准则是评估行业规范发展的重要基础。下列关于我国资产评估准则体系框架的表述，错误的是（　　）。
A. 我国资产评估具体准则分为程序性准则和实体性准则两个部分，《资产评估执业准则——资产评估报告》属于程序性准则
B. 《资产评估基本准则》是财政部依法制定的资产评估机构及其评估专业人员执行各种资产评估业务应当共同遵循的基本规范
C. 《资产评估职业道德准则》包括具体准则、评估指南和指导意见，另外还有资产评估专家指引以及资产评估准则术语
D. 资产评估执业准则是中国资产评估协会依据《资产评估基本准则》制定的资产评估机构及其评估专业人员在执行资产评估业务过程中应当遵循的程序规范和技术规范

3. 鉴证性是资产评估的特点之一。下列表述中，错误的是（　　）。
A. 资产评估是伴随市场经济发展而产生的经济鉴证类专业服务
B. 资产评估从事的既是价值鉴证专业服务，也是权属鉴证专业服务
C. 资产评估鉴证活动会成为资产评估为当事人各方进行决策提供的参考依据
D. 资产评估是由评估机构及其专业人员对资产的价值进行鉴别和举证的活动

4. 评估某机器设备，技术先进的设备比被评估设备生产效率高，节约工资费用，评估基准日为 2023 年 1 月 1 日。技术先进设备月产量为 12000 件，单件工资为 1 元，月工资成本为 12000 元，而被评估设备月产量为 12000 件，单件工资为 1.5 元，月工资成本 18000 元，所得税税率 25%，资产剩余使用年限为 6 年，折现率为 8%，则该评估对象的功能性贬值额约为（　　）元。

A. 249637　　　　B. 256321　　　　C. 198526　　　　D. 256984

5. 下列关于对专业能力、独立性和业务风险进行综合分析与评价的表述中，错误的是（　　）。

A. 对于缺乏专业能力的业务，评估机构及其评估专业人员要判断是否有弥补评估经验和专业能力不足的可行措施

B. 评估机构一般在自身专业能力、独立性均满足要求，并且业务风险可承受时，可以受理该业务

C. 来自资产评估报告使用的风险主要为报告使用人不能正确理解评估结论，不当使用报告等

D. 资产评估机构主要通过筛查、申报、核查等方式，了解评估专业人员的学历、职业资格信息，进而分析专业能力

6. 下列有关年金的表述中，错误的是（　　）。

A. 预付年金终值系数等于普通年金终值系数乘以（1+r）

B. 预付年金现值系数等于普通年金现值系数乘以（1+r）

C. 某项年金，从第 m 期开始，每期期末连续等额收到现金流量 A 的次数为 n 次，则递延年金现值为 P=A×（P/A, r, n）×（P/F, r, m）

D. 在年金中，系列等额收付的间隔期间只需要满足"相等"的条件即可，间隔期间可以不是一年

7. 关于有效市场理论的主要作用，下列表述中，错误的是（　　）。

A. 在市场无效的情况下，人们可以利用技术分析从过去的价格信息中分析出未来价格的某种变化倾向，从而在交易中获利，进而引导投资者的证券投资

B. 许多学者通过对有效市场理论进行了丰富和发展，并进行了大量实证检验，使该假说逐渐发展成为一个理论体系，并成为金融学的理论基础之一

C. 一般而言，相对成熟的资本市场其市场有效性程度通常不会高于欠发达的资本市场，政府可以根据资本市场有效性的程度差异来选择监管模式

D. 通过利用相对成熟资本市场有关数据进行市场有效性的实证检验所形成的一系列理论和发现的一系列特例，为资本市场监管提供有益的参照

8. 法院、国务院行政管理部门、资产评估行业协会等在对评估机构及其评估专业人员应承担的法律责任进行认定时，通常重点关注的内容之一是（　　）。

A. 是否明确了评估业务基本事项并作必要的分析

B. 是否与委托人进行了充分沟通并形成必要的记录

C. 是否履行以及是否恰当履行了必要的评估程序

D. 是否按照《民法典》的要求订立评估委托合同

9. 下列有关资产评估计划的表述，正确的是（　　）。
A. 同类资产评估项目，其评估计划应该是一致的，要保证资产评估计划的可操作性
B. 由于委托人经济行为所涉及的评估对象、评估范围、评估基准日发生变化将导致无法执行评估计划，评估终止
C. 评估时间进度在具体实施资产评估时会随时调整，所以资产评估计划中不宜安排时间进度
D. 调整评估计划要兼顾评估效率和工作质量，充分利用已有的工作成果，尽可能地将评估计划调整产生的成本降低到最低水平

10. 在供求理论下，假如生产某种商品所需的原料价格上升了，则这种商品的（　　）。
A. 需求曲线向左移动　　　　　　B. 供给曲线向左移动
C. 需求曲线向右移动　　　　　　D. 供给曲线向右移动

11. 资产评估通常是为满足特定经济行为的需要进行的，委托人计划实施的经济行为决定了资产评估目的。下列关于资产评估目的的表述，错误的是（　　）。
A. 资产评估目的直接或间接地决定和制约着资产评估价值类型的选择
B. 资产评估目的明确了委托人对资产评估结论的具体用途
C. 资产评估目的可以分为法定评估目的和非法定评估目的
D. 资产评估目的需要委托人与评估机构及其专业人员协商确定

12. 产权交易的本质是等价交换，而资产评估的职能就是为交易主体实现公平交易提供公允的（　　）。
A. 交易价格　　　B. 价值规定　　　C. 价值尺度　　　D. 市场价值

13. "吉芬商品"是以19世纪英国经济学家吉芬的名字命名的，体现的是需求关系的特殊情形，"吉芬商品"的需求曲线是（　　）。
A. 向左上方倾斜　　　　　　　　B. 向右上方倾斜
C. 向左下方倾斜　　　　　　　　D. 向右下方倾斜

14. 当没有相反的证据证明经营主体不能持续经营，则应该认为可以满足持续经营假设。关于"相反证据"的理解，不正确的是（　　）。
A. 经营主体被吊销营业执照
B. 经营主体合同规定的经营期满
C. 经营主体面临重大诉讼可能败诉
D. 经营主体严重资不抵债濒临破产

15. 根据《资产评估法》，下列有关资产评估程序的表述中，错误的是（　　）。
A. 订立资产评估委托合同，约定双方的权利和义务，是开展评估业务的起点
B. 委托人有权按照自己的意愿选择评估机构开展评估业务，实际上是一项民事活动
C. 资产评估委托合同约定双方的权利和义务，一般应采取书面的形式
D. 除依据评估准则只能选择一种评估方法外，应选择两种或两种以上评估方法

16. 下列选项中能够体现人们购物时对商品"物美价廉"的追求的是（   ）。
   A. 任何商品都是使用价值和价值的统一体
   B. 有使用价值的劳动产品没用于交换就不是商品
   C. 凡是有使用价值的东西一定有价值
   D. 价值有时候可以与使用价值分离而独立存在

17. 关于货币时间价值，下列表述中，错误的是（   ）。
   A. 货币时间价值，是指一定量货币资本在不同时点上的价值量差额
   B. 货币的时间价值来源于货币进入社会再生产过程后的价值增值
   C. 通常情况下，货币时间价值是指没有风险情况下的社会平均资金利润率
   D. 根据货币时间价值理论，可以将不同时点的货币价值金额进行换算

18. 下列关于我国国有资产评估项目管理核准制和备案制的表述，不正确的是（   ）。
   A. 评估项目核准文件和备案表的主要作用是作为企业办理产权登记、股权设置和产权转让等相关手续的必备文件
   B. 备案制体现了国有资产的分级管理制度，也体现了资产占有单位作为独立的法人，应当承担的国有资产经营管理责任
   C. 企业进行涉及国有资产评估相应的经济行为时，应当以经核准或备案的资产评估结果为作价参考依据
   D.《企业国有资产交易监督管理办法》规定，产权转让项目首次正式信息披露的转让底价，不得低于经核准或备案的转让标的评估结果的 90%

19. 当现场调查工作以及评估资料的核查验证程序受限时，下列做法中，错误的是（   ）。
   A. 当现场调查工作受限时，如果无法采取替代措施对评估对象进行现场调查或者即使履行替代程序，也无法消除其对评估结论产生重大影响的事实，评估机构应当终止执行评估业务
   B. 当现场调查工作受限，但是可以采取替代措施进行弥补时，评估机构可以继续执行评估业务，并在工作底稿和评估报告中予以说明
   C. 进行评估资料的核查验证时，对超出资产评估专业人员胜任能力的核查验证事项，资产评估机构不得出具评估报告
   D. 如果无法实施核查和验证的资料是评估结论的重要依据，该资料的不确定性将较大程度影响评估结论的合理性，评估机构不得出具资产评估报告

20. 资产评估报告应当说明资产评估程序实施过程中现场调查、收集整理评估资料、评定估算等主要内容。下列选项中，表述错误的是（   ）。
   A. 接受项目委托，确定评估目的、评估对象与评估范围、评估基准日，拟定评估计划等过程
   B. 参加被评估单位清查资产、准备评估资料，核实资产与验证资料等过程
   C. 选择评估方法、收集市场信息和估算等过程
   D. 评估结论汇总、评估结论分析、撰写报告和内部审核等过程

21. 下列关于国有资产评估报告声明内容的表述，错误的有（　　）。

A. 本资产评估报告依据财政部发布的资产评估基本准则和中国资产评估协会发布的资产评估执业准则和职业道德准则编制

B. 资产评估报告使用人应当正确理解评估结论，评估结论等同于评估对象可实现价格，评估结论可以被认为是对评估对象可实现价格的保证

C. 资产评估机构及资产评估师与资产评估报告中的评估对象没有现存或者预期的利益关系，与相关当事人没有现存或者预期的利益关系

D. 资产评估机构及其资产评估师遵守法律、行政法规和资产评估准则，坚持独立、客观和公正的原则，并对所出具的资产评估报告依法承担责任

22. 某企业拥有一套高档住宅，现对外公开出售，现委托 M 评估机构评估该住宅的价值。已知当地该住宅的市场交易情况活跃，则 M 评估机构应选择的价值类型是（　　）。

A. 投资价值　　　B. 市场价值　　　C. 清算价值　　　D. 在用价值

23. 根据《公司法》及国家企业登记注册管理部门颁布的相关法规规定，不可以作为非货币性出资行为评估的是（　　）。

A. 土地使用权　　B. 实物　　　　C. 知识产权　　　D. 商誉

24. 下列关于资产评估方法的选项中，表述错误的是（　　）。

A. 就表现形式而言，资产的经济性贬值包括资产利用率下降，甚至闲置等，以及资产的运营收益减少

B. 净现金流量依据现金流入、流出的实际时间进行归集计算，更能体现资金时间价值的影响

C. 应用收益法评估时，折现率中的无风险报酬率数值通常取中长期国债收益率的平均值

D. 替代原则是支持市场法评估理论的经济学原则，在同一市场上，具有相同使用价值和质量的商品，应有大致相同的交换价格

25. 在某项资产评估中，评估师了解到被评估单位所有者权益为 3000 万元，付息债务为 7000 万元，权益资本成本为 12%，债务资本利率为 6%，所得税税率为 25%，企业特定风险调整系数为 1.3，β 系数为 1.2。评估师拟采用加权平均资本成本法确定折现率。则该折现率为（　　）。

A. 7.42%　　　　B. 6.75%　　　　C. 8.04%　　　　D. 6.24%

26. 下列关于资产评估报告日的表述，正确的是（　　）。

A. 当评估报告引用的专业报告是审计报告时，审计的截止日一般应与评估报告日保持一致

B. 评估报告日后，评估机构依然有对被评估资产重大变化进行了解和披露的义务

C. 在评估基准日到评估报告日之间的期后事项，评估机构可能负有了解甚至披露的义务

D. 评估结论的使用有效期是以评估报告日为基础确定的

27. 下列有关市场的概念和市场类型划分的表述中，错误的是（　　）。

A. 狭义的市场是指买卖双方商品交换的场所，广义的市场是指各种主体之间交换关系的总和

B. 市场是以交易为核心，帮助交易双方相互作用并决定交易价格及数量的组织形式或制度安排

C. 市场应当是固定、有形的交易场所，互联网交易平台等虚拟形式不是真正的市场

D. 垄断竞争市场、寡头垄断市场和完全垄断市场，又称为"不完全竞争市场"

28. 在我国，下列部门中，不具有资产评估行政监管职责的部门是（ ）。
   A. 自然资源部　　　　　　　　B. 财政部
   C. 民政部　　　　　　　　　　D. 住房和城乡建设部

29. 根据《行政处罚法》，违法行为在（ ）未被发现的，不再给予行政处罚。法律另有规定的除外。
   A. 2年内　　　　　　　　　　B. 3年内
   C. 5年内　　　　　　　　　　D. 10年内

30. 以下选项中，不属于《资产评估职业道德准则》规范的职业道德基本要求的是（ ）。
   A. 诚实守信、勤勉尽责、谨慎从业　　B. 树立公平公正的职业理想
   C. 禁止谋取不当利益　　　　　　　　D. 坚持独立、客观、公正的原则

二、多项选择题（共15题，每题2分，共30分。每题的备选项中，有2个或2个以上符合题意，至少有1个错项。错选，本题不得分；少选，所选的每个选项得0.5分）

1. 在运用成本法进行资产评估时，下列表述错误的是（ ）。
   A. 重置核算法估算的重置成本仅考虑了价格变动因素，因而确定的是复原重置成本
   B. 价格指数法既考虑了价格因素，也可考虑生产技术进步和劳动生产率的变化因素，因而可以用来估算更新重置成本
   C. 资产成本与其生产能力之间存在不存在正比例线性关系时，不可以采用生产能力比例法
   D. 人们把非线性关系条件下的功能价值类比法称为规模经济效益指数法
   E. 使用年限法是利用评估对象的实际已使用年限与其总使用年限的比值来判断其实体贬值率（程度），进而估测资产的实体性贬值

2. 从资产评估的业务风险来看，来自评估对象的风险主要有（ ）。
   A. 评估对象的相关的资料由委托人提供，评估专业人员无法验证其真伪
   B. 委托人将抵（质）押目的的评估报告用于资产转让，评估对象错置
   C. 评估对象的特殊性导致评估专业人员无法按规定或要求履行核查程序
   D. 评估对象的产权不明晰，法律权属存在纠纷
   E. 评估对象对应的评估范围不确定

3. 关于市场价值的理解，下列表述中，正确的是（ ）。
   A. 在市场价值概念下，买方会根据评估基准日市场的真实状况和预期判断进行购买，

可能付出超出比市场合理价格更高的价格

B. 自愿卖方期望在进行必要的市场营销之后，根据评估开始日的市场条件以公开市场所能达到的最高价格出售资产

C. 资产在市场上有足够的展示时间，指资产应当以最恰当的方式在市场上予以展示

D. "公平交易"，是指在没有特定或特殊关系的当事人之间进行的交易，即假设在互无关系且独立行事的当事人之间进行的交易

E. 买卖双方"各自理性行事"，导致市场价值既是卖方能够合理获取的最好售价，也是买方能够合理取得的最有利价格

4. 收益法下，在运用资本定价模型确定折现率时，下列对于公式 $R = R_f + \beta(R_m - R_f) + R_s$ 的理解，错误的是（　　）。

A. β 表示风险系数
B. $(R_m - R_f)$ 表示市场平均报酬率
C. R_f 表示市场风险报酬率
D. R_m 表示无风险报酬率
E. R_s 表示企业特有风险调整系数

5. 下列关于资产评估目的的表述中，正确的是（　　）。

A. 资产评估目的是委托人或资产评估报告使用人对资产评估结论的具体用途

B. 企业债权转股权的资产评估属于公司设立、增资目的的资产评估

C. 确定非货币资产投资计税价值的评估目的是为核定非货币资产计税申报价值的公允性提供资产价值参考

D. 资产评估专业人员在承接资产评估业务时负责确定评估目的，并应与委托人沟通，在资产评估委托合同中明确约定

E. 不同的评估目的可能会对评估对象的确定、评估范围的界定、价值类型的选择以及潜在交易市场的确定等方面产生影响

6. 关于《国际评估准则230——存货》，下列表述中，正确的是（　　）。

A. 存货广义上包括将来生产过程中使用的货物、生产过程中使用的货物和待售货物，该准则侧重于非不动产的实物存货的评估

B. 使用收益途径对存货进行评估，需要将评估日期前的利润（价值）与评估日期后的利润（价值）进行分摊

C. 通常，存货评估是使用国际评估准则理事会以外的实体/组织的价值类型进行的

D. 对存货评估的特殊考量包括但不限于：增值过程的确认和无形资产的回报，与其他被收购资产的关系，存货减值准备，以及记账单位

E. 市场途径，作为三大基本方法之一，参考涉及相同或类似商品的市场活动，在存货评估方面有广泛的直接应用

7. 资产评估师的下列行为中，不符合资产评估相关的法律、法规和准则要求的是（　　）。

A. 在一家资产评估机构执业，业余时间在另一家资产评估机构兼职从事评估业务

B. 为了加强竞争，适当降低收费标准承揽业务，在从业时增收节支，保持评估机构可持续发展的潜力

C. 守住"诚实信用"的底线，拒绝别人以本人名义承揽业务的要求，不签署本人未承办业务的评估报告

D. 对于为了招揽业务，承诺帮助客户解决具体困难，本着诚实信用原则履行承诺，维持与客户的良好关系

E. 不受理与自身有利害关系的业务，与委托人或者其他相关当事人及评估对象有利害关系的，主动回避

8. 下列关于资产评估专业人员保密要求的选项中，正确的是（   ）。

A. 资产评估机构应当制定业务保密制度，加强对从业人员的保密教育和保密事项的监督管理

B. 资产评估专业人员在评估机构及外勤工作时，为保持公开公正，应当在公共场合下讨论客户的业务情况、评估目的

C. 资产评估专业人员除本人不得泄露客户商业秘密外，还应约束协助工作的助理人员保守秘密

D. 资产评估专业人员在任何情况下都不得将所知悉的客户商业秘密和业务资料或为委托人编制的评估报告披露给任何其他人

E. 保密要求既是资产评估专业人员独立、客观、公正从事业务的必然要求，也是遵守国家秘密法、反不正当竞争法等的必然要求

9. 从委托人、产权持有人等相关当事人处获取的资料通常包括（   ）。

A. 资产评估申报资料 B. 评估对象权属证明
C. 评估师的职业资格证明 D. 反映资产状况的资料
E. 资产评估委托合同

10. 下列关于资产评估基准日的表述，正确的是（   ）。

A. 资产评估基准日为资产评估中的一个重要时间节点，通常为评估结论形成的日期

B. 对于上市公司发行股票购买资产等重大资产重组事项，资产评估基准日应该尽量与发行股票的定价日相近

C. 核定税基、确定计税价值资产评估的评估基准日应选择应税行为发生所对应的时点

D. 评估结论的使用有效期通常是以评估基准日为基础确定的，超过有效期，很可能导致评估报告的结论不再有效

E. 不同时间点的基准日会导致不同类型的资产评估业务，比如现时性评估、追溯性评估和预测性评估

11. 某债券的面值为 1000 元，每半年发放利息 40 元。下列表述中，正确的有（   ）。

A. 半年的利率为 4% B. 票面年利率为 8%
C. 实际收益率为 8% D. 实际年利率为 8.16%
E. 名义年利率为 8%

12. 关于价值规律的含义及其发挥作用的形式，下列表述中，正确的是（   ）。

A. 价值规律是商品生产和交换的基本规律

B. 商品总量的价值量是由生产该商品总量的耗费决定的

C. 商品必须按价值量相等的原则进行交换

D. 单个商品的价值量是由生产该商品的社会必要劳动时间决定的

E. 价格围绕价值上下波动是价值规律发挥作用的形式

13. 关于国有资产评估业务要求在评估报告中披露的评估依据，下列表述中，正确的是（　　）。

A. 国有资产评估业务要求在评估报告的"评估依据"部分披露本次评估业务所对应的经济行为依据，包括两个方面：一是有效批复文件，二是其他文件资料

B. 资产评估专业人员应当根据与评估项目相关的原则，在评估报告中说明执行资产评估业务所采用的具体法律法规依据

C. 评估准则依据包括评估业务中依据的相关资产评估基本准则和执业准则，资产评估机构及其资产评估专业人员应当根据资产评估业务的需要选择使用

D. 国有资产产权登记证书、基准日股份持有证明、出资证明、国有土地使用证（或者国有土地使用权出让合同）、不动产权证书等是常见的权属依据

E. 《企业国有资产评估报告指南》规定的取价依据通常包括企业提供的财务会计、经营方面的资料，国家有关部门发布的统计资料、技术标准资料和政策文件，以及评估机构收集的有关询价资料、参数资料等

14. 根据市场结构理论，寡头垄断市场形成的原因，包括（　　）。

A. 厂商生产规模较小，容易结成市场同盟

B. 追求规模经济效益，促使行业生产向大规模厂商集中

C. 每个厂商提供的都是完全同质的商品

D. 少数厂商控制了行业基本生产资源的供给

E. 法律或政策的推动导致行业生产集中于少数厂商

15. 下列选项中，不属于资产评估经济技术原则的有（　　）。

A. 供求原则　　　　　　　　　　　B. 评估时期原则

C. 经济效益原则　　　　　　　　　D. 替代原则

E. 最佳收益原则

三、综合题（共3题，第1题10分，第2题和第3题各15分，共40分）

1. 甲公司拟收购乙公司部分股权，委托丙资产评估公司对乙公司2022年12月31日的全部股权的市场价值进行评估，为其收购决策提供依据。丙资产评估公司评估专业人员经过深入细致的调查、分析，取得如下数据资料：未来5年（2023—2027年）归属于股东的净收益分别为：1000万元、1060万元、1120万元、1160万元、1200万元，从第六年开始，每年净收益比上年增加3%。折现率和资本化率相同。假设2022年12月31日10年期国债到期收益率为3%，3年期国债到期收益率为2.4%，乙公司面临的主要风险为行业风险、经营风险和财务风险，相应的风险报酬率分别为2%、2%和3%。

要求：

（1）依据题中资料，不考虑其他因素，该评估应该采用什么方法？该方法的应用前提是什么？

（2）如何确定本评估中的无风险报酬率？

（3）估算乙公司于 2022 年 12 月 31 日的股东全部权益价值（以"万元"为单位，计算结果保留两位小数）。

2. 国内 A 公司计划收购总部在香港的 B 公司，B 公司有一家下属的全资子公司 C 公司，C 公司注册地在美国。X 资产评估机构接受委托对 B 公司进行企业价值评估。在资产评估委托合同中，约定资产评估机构采用持续使用假设，运用收益法进行评估。评估时涉及评估 C 公司的股权价值，由委托方向评估机构提供 C 公司的历史经营数据预测未来盈利。

要求：

（1）确定本评估业务的评估对象和评估范围。

（2）委托合同中对评估方法的约定是否恰当？请说明理由。

（3）涉及评估 C 公司的股权价值，可否采用持续使用假设？请说明理由。

（4）涉及评估 C 公司的股权价值，应选择何种价值类型？请说明理由。

（5）X 资产评估机构应使用何种评估方法？

3. A 企业为了达到对其关联方企业控制的目的，计划以其所拥有的专有技术进行出资，委托 W 资产评估机构对其专有技术价值进行评估，期望的评估结果是 2000 万元，并承诺可以承担高额的评估费用。W 资产评估机构为了顺利承接该项目，同意了 A 企业的要求。在与 A 企业订立资产评估委托合同之后，W 资产评估机构的专业人员编制了资产评估计划，资产评估计划主要是规定了现场调查的具体实施过程。在继续执行资产评估程序的过程中，A 企业与其关联企业达成协议，决定增加其在关联企业的持股比例，再将其拥有的另一专有技术对关联企业出资。这一专有技术也需要 W 资产评估机构进行评估，评估基准日也相应发生变化。W 资产评估机构在明确了这一情况后，考虑到是同类资产的评估业务，遂按照原定资产评估计划，完成了资产评估程序。最终，W 资产评估机构按 A 企业的要求得出评估结论。A 企业在获得评估报告之后，将该资产评估报告用于这两项专有技术的抵押担保，W 资产评估机构提出反对，A 企业以资产评估委托合同以及双方的沟通中未明确资产评估报告的使用范围为由拒绝改正。

要求：

（1）在上述资料中，W 资产评估机构和 A 企业的行为有何不恰当之处？并说明理由。

（2）资产评估计划主要包括哪些内容？

（3）请列举出两种导致资产评估计划需要调整的原因，并列举出具体情形。

2023年资产评估师资格全国统一考试《资产评估基础》大模考热身试卷(五)参考答案及解析

一、单项选择题

1. 【答案】C
【解析】根据《国际评估准则 410——开发性不动产》,开发性不动产是指在评估基准日,为达到最高最佳用途需要再开发的,或已经考虑改善或正在进行改进所获得的权益。选项C错误,其他选项均正确。

2. 【答案】C
【解析】资产评估执业准则包括具体准则、评估指南和指导意见;除资产评估准则体系外,为指导资产评估机构及其资产评估专业人员执行特定业务,履行特定程序,中国资产评估协会归纳总结评估实践中科学合理的做法,制定资产评估专家指引;为进一步解释资产评估准则中使用的术语的内涵,为资产评估执业者、监管部门和评估报告使用人理解和使用准则提供基础支撑,中国资产评估协会制定资产评估准则术语,术语不属于资产评估准则。选项C错误,其他选项均正确。

3. 【答案】B
【解析】资产评估是伴随市场经济发展而产生的经济鉴证类专业服务,这种鉴证活动使资产评估成为当事人各方进行决策的参考依据,资产评估机构及其评估专业人员应当对其评估行为承担相应的专业责任、民事责任和刑事责任。同时,需要强调指出的是,资产评估从事的是价值鉴证,而不是权属鉴证,选项B错误,其他选项均正确。

4. 【答案】A
【解析】首先,计算该设备年税后工资成本的超额支出:
年工资成本净超额支出=(被评估设备月产量×被评估设备单件工资-技术先进设备月产量×技术先进设备单件工资)×12×(1-所得税税率)
$$=(12000×1.5-12000×1)×12×(1-25\%)$$
$$=54000(元);$$
其次,计算资产剩余使用年限工资成本超额支出的折现值,即被评估设备的功能性贬值额：

$$功能性贬值额 = \frac{年工资成本净超额支出}{折现率}\left[1-\frac{1}{(1+折现率)^{剩余使用年限}}\right]$$

$$= \frac{54000}{8\%} \times \left[1-\frac{1}{(1+8\%)^6}\right]$$

$$= 249637（元）。$$

5. 【答案】D

【解析】评估机构及评估专业人员需要分析是否具有与拟受理业务相应的专业能力及相关经验，特别关注拟受理业务是否涉及新型或特殊的业务、专业领域及资产。

6. 【答案】C

【解析】某项年金，从第 m 期开始，每期期末连续等额收到现金流量 A 的次数为 n 次，则递延期为（m-1），该递延年金现值为 P=A×（P/A，r，n）×（P/F，r，m-1），故选项 C 错误，其他选项均正确。

7. 【答案】C

【解析】一般而言，相对成熟的资本市场其市场有效性程度通常高于欠发达的资本市场。因此，政府可以根据资本市场有效性的程度差异来选择监管模式。选项 C 错误，其他选项均正确。

8. 【答案】C

【解析】法院、国务院行政管理部门、资产评估行业协会等在对评估机构及其评估专业人员应承担的法律责任进行认定时，评估机构及其评估专业人员在执行评估业务中是否履行以及是否恰当履行了必要的评估程序，通常是其重点关注的内容之一。

9. 【答案】D

【解析】不同资产评估业务具体情况不同，资产评估人员应该编制的评估计划也不同，选项 A 错误；由于委托人经济行为所涉及的评估对象、评估范围、评估基准日发生变化，是导致评估计划调整的原因之一，选项 B 错误；资产评估人员编制计划时，应当结合评估报告提交期限、评估业务实施的主要过程的具体步骤、业务实施的重点和难点等来制定评估业务实施的进度安排，选项 C 错误。

10. 【答案】B

【解析】商品的原材料价格上升，成本增加，利润减少，厂家将减少供应量，供给曲线向左移动。

11. 【答案】D

【解析】确定评估目的是委托人的责任，选项 D 错误。

12. 【答案】C

【解析】产权交易的本质是等价交换，而资产评估的职能就是为交易主体实现公平交易提供公允的价值尺度。

13. 【答案】B

【解析】经济学中的"吉芬商品"指的就是在特定条件下，需求量与价格同方向变动的特殊低档商品。作为低档商品，吉芬商品的替代效应与价格变动方向相反。但是"吉芬商品"的特殊性就在于，吉芬商品收入效应作用很大，并且超过了替代效应的作用，从而使总效应与价格变动方向相同。所以"吉芬商品"的需求曲线最后呈现出向右上方倾斜的现象。

14. 【答案】C

【解析】这里的"相反证据"指那些表明相关主体很可能将结束经营的证据，如合同规定的经营期满、企业资不抵债而濒临破产等。选项C可能不至于造成相关主体不能持续经营，选项C不正确，其他选项均正确。

15. 【答案】A

【解析】根据《资产评估法》，委托人选择评估机构是开展评估业务的起点。选项A错误，其他选项均正确。

16. 【答案】A

【解析】任何商品都是使用价值和价值的统一体，即作为商品，两者必须同时具备，缺一不可，选项A正确，选项D错误；有使用价值的东西不一定有价值，不一定是商品，选项C不正确；选项B表述无误，但是不符合题意要求，比较之下选项A表述最恰当。

17. 【答案】C

【解析】通常情况下，货币时间价值是指没有风险也没有通货膨胀情况下的社会平均资金利润率，是利润平均化规律发生作用的结果。

18. 【答案】D

【解析】《企业国有资产交易监督管理办法》（国资委、财政部令第32号）规定，产权转让项目首次正式信息披露的转让底价，不得低于经核准或备案的转让标的评估结果。选项D错误，其他选项均正确。

19. 【答案】C

【解析】对超出资产评估专业人员胜任能力的核查验证事项，资产评估机构可以委托或者要求委托人委托相关专业机构出具专业意见，具体参照《资产评估执业准则——利用专家工作及相关报告》。评估专业人员经过核查验证后，可以在评估中使用专家意见并披露利用专家意见情况。

20. 【答案】B

【解析】选项B，应当是：指导被评估单位清查资产、准备评估资料，核实资产与验证资料等过程。

21. 【答案】B

【解析】资产评估报告使用人应当正确理解评估结论，评估结论不等同于评估对象可实现价格，评估结论不应当被认为是对评估对象可实现价格的保证。

22.【答案】B

【解析】当评估专业人员执行的资产评估业务对市场条件和评估对象的使用等并无特别限制和要求，特别是不需要考虑特定市场参与者的特性和偏好，评估目的是为正常的交易提供价值参考依据时，通常应当选择市场价值作为评估结论的价值类型。本题中该交易无特定交易目标人群，有活跃交易市场，因此选择市场价值，选项B正确。

23.【答案】D

【解析】商誉作为不可确指的无形资产只能依附于企业整体存在，不可独立转让。目前我国公司法没有将商誉列为股东可用于出资的资产。《公司注册资本登记管理规定》第五条明确规定"股东或者发起人不得以劳务、信用、自然人姓名、商誉、特许经营权或者设定担保的财产等作价出资"。选项D正确，其他选项均错误。

24.【答案】C

【解析】无风险报酬率通常采用政府债券收益率。实务中一般采用与评估对象的预期收益期间相匹配的政府债券的到期收益率。对于长期经营的企业，无风险报酬率一般采用中长期国债的到期收益率；对于经营期限比较短的项目公司，无风险报酬率则采用与其经营期限相匹配的国债的到期收益率。选项C错误，其他选项均正确。

25.【答案】B

【解析】权益资本占比=3000÷（3000+7000）×100%=30%，付息债务资本占比=7000÷（3000+7000）×100%=70%，折现率=加权平均资本成本=30%×12%+70%×6%×（1−25%）=6.75%。

26.【答案】C

【解析】当评估报告引用的专业报告是审计报告时，审计的截止日一般应与评估基准日保持一致，选项A错误；评估报告日后，评估机构不再负有对被评估资产重大变化进行了解和披露的义务，选项B错误；在评估基准日到评估报告日之间，如果被评估资产发生重大变化，评估机构负有了解和披露这些变化及其可能对评估结论产生影响的义务，选项C正确；评估结论的使用有效期是以评估基准日为基础确定的，选项D错误。

27.【答案】C

【解析】市场可以是固定、有形的交易场所，也可顺应通信手段现代化采用互联网交易平台等虚拟形式。选项C错误，其他选项均正确。

28.【答案】C

【解析】目前我国的评估行业包括资产评估师、房地产估价师、矿业权评估师三种资格，资产评估师由财政部负责监督管理，房地产估价师由住房和城乡建设部、自然资源部负责监督管理，矿业权评估师由自然资源部负责监督管理。选项C错误，其他选项均正确。

29.【答案】A

【解析】《行政处罚法》第二十九条第一款规定，违法行为在二年内未被发现的，不再给予行政处罚。法律另有规定的除外。第二款规定，前款规定的期限，从违法行为发生之日起计算；违法行为有连续或者继续状态的，从行为终了之日起计算。

30.【答案】B

【解析】诚实守信、勤勉尽责、谨慎从业，禁止谋取不当利益，坚持独立、客观、公正的原则是对资产评估机构及其资产评估专业人员职业道德的基本要求。选项B属于职业道德素质，不属于《资产评估职业道德准则》规范的职业道德基本要求。

二、多项选择题

1.【答案】AB

【解析】价格指数法估算的重置成本仅考虑了价格变动因素，因而确定的是复原重置成本，而重置核算法既考虑了价格因素，也考虑了生产技术进步和劳动生产率的变化因素，因而可以用来估算更新重置成本，选项A、选项B错误。

2.【答案】CDE

【解析】选项A为来自委托人与产权持有人的风险；选项B为来自资产评估报告使用的风险。

3.【答案】CDE

【解析】在市场价值概念下，买方会根据评估基准日市场的真实状况和预期判断进行购买，不会特别急于购买，也不会在购买时不顾及合理的价格条件，付出超出比市场合理价格更高的价格，选项A错误；自愿卖方期望在进行必要的市场营销之后，根据评估基准日的市场条件以公开市场所能达到的最高价格出售资产，选项B错误；其他选项均正确。

4.【答案】BCD

【解析】β表示风险系数；R_m表示市场平均收益率；R_f表示无风险报酬率；(R_m-R_f)表示市场平均风险报酬率，又称为系统性市场风险报酬率；R_s表示企业特有风险调整系数。

5.【答案】ABCE

【解析】资产评估专业人员在承接资产评估业务时应与委托人沟通确定资产评估目的，确定评估目的是委托人的责任，评估目的应当在资产评估委托合同中明确约定。选项D错误，其他选项均正确。

6.【答案】ABCD

【解析】市场途径，即参考涉及相同或类似商品的市场活动，在存货评估方面只有狭义的直接应用，选项E错误，其他选项均正确。

7.【答案】ABD

【解析】《资产评估法》第五条规定，评估专业人员从事评估业务，应当加入评估机构，并且只能在一个评估机构从事业务，选项A违反规定；选项B、选项D属于采用不正当手段招揽业务，违反规定。选项C、选项E符合规定。

8.【答案】ACE

【解析】资产评估专业人员在评估机构及外勤工作时，不得在规定的工作场所之外谈论客户的业务情况、评估目的等可能涉及客户的机密情况。同样，在公共场所应尽量不提客户的单位名称，未经客户允许不得对外发布有关客户的信息资料等，选项B错误；除委托人具体授权，或经过法律程序正式授权的执法机构以及为了配合评估监管之外，资产评估机构及其资产评估专业人员不得将所知悉的客户商业秘密和业务资料或为委托人编制的评估报告披露给任何其他人，选项 D 错误。

9.【答案】ABD
【解析】从委托人、产权持有人等相关当事人处获取的资料通常包括：资产评估申报资料，评估对象权属证明，反映资产状况的资料，评估对象的历史、预测、财务、审计等资料，相关说明、证明和承诺等。

10.【答案】BCDE
【解析】资产评估报告日通常为评估结论形成的日期。选项 A 错误，其他选项均正确。

11.【答案】ABDE
【解析】债券面值为 1000 元，每半年发放利息 40 元，所以半年的利率为（40/1000）×100%=4%，票面年利率=4%×2=8%，实际年利率=$(1+4\%)^2-1$=8.16%。票面年利率就是名义年利率。

12.【答案】ACDE
【解析】价值规律是商品生产和交换的基本经济规律，是人类从事一切经济活动都必须遵守的客观规律。价值规律的基本要求是：商品的价值量由生产商品的社会必要劳动时间决定，以此为基础进行商品等价交换。价值规律既是价值量如何决定的规律，也是价值量如何实现的规律。价值规律对市场经济中的个别劳动耗费和社会劳动的使用都具有制约作用：单个商品的价值量是由生产该商品的社会必要劳动时间决定的。某种商品总量的价值量是由生产该商品总量的社会必要劳动时间决定的。价值规律发挥作用的形式是价格围绕价值波动。选项 B 错误，其他选项均正确。

13.【答案】ABDE
【解析】评估准则依据包括评估业务中依据的相关资产评估准则和相关规范，包括基本准则、职业道德准则、执业准则、评估指南和指导意见。因此，选项 C 不正确。

14.【答案】BDE
【解析】寡头垄断市场形成的原因与完全垄断市场相似，主要有：①追求规模经济效益，促使行业生产向大规模厂商集中；②少数厂商控制了行业基本生产资源的供给；③法律或政策的推动等。选项 B、选项 D、选项 E 是正确的。

15.【答案】BCE
【解析】资产评估经济技术原则包括：供求原则、替代原则、预期收益原则、贡献原则、最高最佳使用原则、评估时点原则。

三、综合题

1.【答案及解析】
（1）依据题中资料，不考虑其他因素，该评估满足收益法的应用前提，应该采用收益法评估。应用收益法必须具备的前提条件是：①评估对象的未来收益可以合理预期并用货币计量；②预期收益所对应的风险能够度量；③收益期限能够确定或者合理预期。

（2）无风险报酬率通常采用政府债券收益率。实务中一般采用与评估对象的预期收益期间相匹配的政府债券的到期收益率。对于长期经营的企业，无风险报酬率一般采用中长期国债的到期收益率；对于经营期限比较短的项目公司，无风险报酬率则采用与其经营期限相匹配的国债的到期收益率。本评估中，被评估的乙公司能够长期持续经营，无风险报酬率应当采用中长期国债的到期收益率，即3%。

（3）估算乙公司于2022年12月31日的股东全部权益价值。

① 计算折现率。

折现率（资本化率）=无风险报酬率+风险报酬率=3%+（2%+2%+3%）=10%；

② 计算评估值。

$$P = \sum_{t=1}^{n} \frac{R_t}{(1+r)^t} + \frac{R_n \times (1+s)}{r-s} \times \frac{1}{(1+r)^n}$$

上式中：n=5，r=10%，s=3%。

评估值=[1000×（1+10%）$^{-1}$+1060×（1+10%）$^{-2}$+1120×（1+10%）$^{-3}$+1160×（1+10%）$^{-4}$+1200×（1+10%）$^{-5}$]+1200×（1+3%）÷（10%-3%）×（1+10%）$^{-5}$

=15127.22（万元）。

2. 【答案及解析】

（1）评估实务中，企业价值评估涉及的企业类型通常包括公司制企业或合伙制企业。对于公司制企业，其评估对象包括企业整体权益、股东全部权益和股东部分权益三种。本次评估是对B公司进行企业价值评估，评估对象为B公司的整体权益，评估范围包括B公司的全部资产和负债，包括可辨识的资产和不可辨识的资产（如商誉等）。

（2）委托合同中对评估方法的约定不恰当。各种评估方法有其适用条件。评估专业人员开展评估业务，应当根据评估对象、价值类型、评估资料收集情况等相关条件，分析市场法、收益法和成本法等评估方法的适用性，恰当选择评估方法，除依据评估准则只能选择一种评估方法外，应选择两种以上评估方法。在委托合同中不应约定具体的评估方法。

（3）涉及评估C公司的股权价值，C公司作为B公司的一个全资子公司，其历史经营中很可能与B公司之间存在某些关联交易，或者是B公司为了追求协同效应而有意安排的一些经营业务。但是一旦该B公司被收购，这些关联交易或者有意安排的业务都将不能持续。因此，此时完全按照现状持续经营假设参考标的企业的历史数据预测未来，是不符合未来实际情况的，依据也是不充分的。

（4）涉及评估C公司的股权价值，虽然其母公司B公司是香港的公司，但是这并不一定代表评估其全资子公司C公司的市场价值时也一定是香港的市场价值。因为C公司是在美国注册的公司，从理论上说，可以在美国市场上转让该公司股权，也可以在香港市场上转让其股权，并且这两种转让方式都有可能。因此，在选择C公司的市场价值时，应该选择C公司在美国市场和香港市场上最有利市场的市场价值。

（5）该评估业务的评估目的是股权转让，价值类型应需要根据交易双方的实际情况选择市场价值，因此评估方法首选市场法，在无法使用市场法的前提下，选用收益法，但是通常不适用成本法。

3. 【答案及解析】

（1）W 资产评估机构和 A 企业的行为中的不恰当之处包括：①W 资产评估机构不应该同意 A 企业预设评估值的要求。在执业过程中，一些客户为了达到一定的目的往往预设评估值并利用高额酬金等诱惑资产评估机构对预先设定的评估值作出承诺，这往往会导致评估人员违背职业道德要求，从而导致后面评估程序的实施受到委托方的限制和影响，给评估机构和评估人员带来风险隐患。在这种情况下，W 资产评估机构及其专业人员应该保持应有的职业谨慎性，明确告诉委托方资产评估是以评估对象的实际状况和评估目的为依据的，最终的评估值只能在实施完成所有评估程序后才能知晓，评估程序实施前期，评估机构和评估人员无法对评估结果作出任何承诺。②W 资产评估机构编制的资产评估计划不够完整。资产评估计划应当涵盖现场调查、收集评估资料、评定估算、编制和提交资产评估报告等资产评估业务实施的主要过程。除此之外，还包括时间进度、人员安排等内容。③在评估范围、评估基准日发生变化后，W 资产评估机构应当对资产评估计划进行调整。评估范围、评估基准日等评估项目的基本事项发生变化，在这种情况下通常要对评估计划大幅度修改，甚至需要重新编制新的评估计划。④W 资产评估机构在与 A 企业订立资产评估委托合同时，应该明确资产评估报告使用范围，A 企业应该合理使用资产评估报告。评估报告的使用范围包括评估报告使用人、目的及用途、使用时效、报告的摘抄引用或披露等事项。评估机构洽谈人员在前期洽商时，应与委托人就评估报告的使用范围加以明确。同时，资产评估委托合同签订后，发现相关事项存在遗漏、约定不明确，或者合同履行中约定内容发生变化的，如评估目的、评估对象、评估基准日发生变化等，资产评估机构与委托人可以协议订立补充委托合同或者重新订立评估委托合同，或者协商一致以法律允许的其他方式，如传真、电子邮件等形式，对资产评估委托合同的相关条款进行变更。

（2）资产评估计划一般包括资产评估业务实施的主要过程、时间进度、人员安排等内容。①资产评估业务实施的主要过程。资产评估计划应当涵盖现场调查、收集评估资料、评定估算、编制和提交资产评估报告等资产评估业务实施的主要过程。②资产评估业务实施的时间进度安排。明确资产评估业务实施的时间进度安排，有利于对资产评估工作进度的跟踪，以保证在报告提交期限内提交报告。资产评估专业人员编制资产评估计划时，应当结合评估报告提交期限、评估业务实施的主要过程的具体步骤、业务实施的重点和难点等来制订评估业务实施的进度安排。③资产评估业务实施的人员安排。合理的评估业务实施人员安排是高效保质完成评估项目的保障。资产评估专业人员编制评估计划时，应当根据评估项目的资产规模、资产分布、资产专业结构、业务风险因素等情况以及评估方法、评估业务实施主要过程的具体步骤、业务实施的时间安排、费用预算等，综合考虑评估业务实施对评估专业人员的工作经验、专业能力、技术水平、专业分工、人员数量等配置要求，组建项目团队。

（3）导致评估计划调整的原因可以归纳为两大类：①评估工作本身遇到了障碍，出现了在编制评估计划时没有预料到的操作层面或者技术层面的情况，造成评估工作无法按照原计划推进，需要调整评估计划。②由于委托人经济行为所涉及的评估对象、评估范围、评估基准日发生变化而导致的评估计划的调整。

2023年资产评估师资格全国统一考试
《资产评估基础》大模考热身试卷（六）

一、单项选择题（共30题，每题1分，共30分。每题的备选项中，只有一个最符合题意）

1. 以下不属于委托人及相关当事人原因导致现场调查受限情形的是（   ）。
   A. 被评估单位分支机构在境外，而且无法履行调查程序
   B. 产权持有人不允许评估人员进入现场获取相关资料
   C. 委托人不提供资产明细表，无法履行核查程序
   D. 因委托人资产诉讼保全限制，无法对资产进行现场调查

2. 关于我国《民法典》对诉讼时效约定、抗辩及主动适用的规定，下列表述中，错误的是（   ）。
   A. 当事人对诉讼时效利益的预先放弃无效
   B. 诉讼时效期间届满的，义务人可以提出不履行义务的抗辩
   C. 诉讼时效期间届满后，义务人因不知情已自愿履行的，可以请求返还
   D. 人民法院不得主动适用诉讼时效的规定

3. 评估业务委托人与评估对象的产权持有人不是同一主体时，了解其间的关系就非常必要，这通常关系到（   ）。
   A. 评估业务委托人与评估对象的产权持有人对有关资料收集与现场调查等工作的配合程度
   B. 对评估报告的内容、形式、结论和披露是否存在特殊要求，以及委托人是否要求将评估收费与评估目的的实现挂钩等情况
   C. 判断资产评估可能的工作量、复杂程度和评估机构及人员的胜任能力，综合考虑，决定是否受理该资产评估业务
   D. 基于哪些可能存在的各种明显或隐含的假设及前提，为在订立资产评估委托合同时界定项目适用的价值类型做好铺垫

4. 关于货币时间价值的计算，下列表述中，错误的是（   ）。
   A. 按照单利计算的方法，只有本金在贷款期限中获得利息，不管时间多长，所生利息

均不加入本金重复计算利息

B. 复利是指不仅对本金计算利息，还对将来预期产生的利息也计算利息的一种计息方式

C. 企业的资金收益会进行再投资，财务估值中一般都按照复利方式计算货币的时间价值

D. 普通年金终值和现值、预付年金终值和现值、递延年金终值和现值、永续年金现值等类型实则为复利终值和现值的衍生类型

5. 关于资产评估结论使用的有效期，下列表述中，错误的是（   ）。

A. 评估结论反映评估基准日的价值判断，仅在评估基准日成立，所以资产评估报告应当明确评估结论的使用有效期

B. 资产评估报告应当明确评估结论的使用有效期，超过有效期限，评估结论失效，评估基准日的评估结论不能反映经济行为发生日的评估结论

C. 对于现时性资产评估业务，通常只有当评估基准日与经济行为实现日相距不超过一年时，才可以使用资产评估报告

D. 有时评估基准日至经济行为发生日不到一年，但市场条件或资产状况发生了重大变化，评估报告的结论不能反映经济行为实现日价值，这时也应该重新评估

6. 下列关于运用市场法评估资产价值的表述，错误的是（   ）。

A. 尽管价值比率有很多种类，但在评估实务中，最常用的价值比率有市销率、市净率和市盈率

B. 对于成本和利润较为稳定并且资本结构近似的企业，可以采用全部投资口径的价值乘数进行评估

C. 可比参照物与被评估企业的资本结构存在较大差异，则不宜选择部分投资口径的价值比率

D. 运用交易案例比较法时，应当考虑被评估企业与交易案例的差异因素对价值的影响

7. 关于资产评估基准日的选择，下列表述中错误的是（   ）。

A. 现时性评估的评估基准日选择的是现时日期，在评估工作日近期的时点，评估结论采用的价格依据和标准也是近期有效的

B. 企业价值评估业务中评估基准日尽可能选择会计期末，以大大减少调整的工作量

C. 目前，国有资产评估对现时性评估、追溯性和预测性评估的评估基准日的选择都有明确规定

D. 企业合并对价分摊资产评估的评估基准日应当选择购买日，即购买方实际取得对被购买方控制权的日期

8. 《资产评估法》的颁布实施，具有十分重要的意义。下列表述中，错误的是（   ）。

A. 《资产评估法》的颁布，有利于更好地发挥资产评估的专业作用，为规范交易行为、提高交易效率、维护市场秩序提供重要的专业服务

B. 《资产评估法》明确只有评估专业人员才能从事法定评估业务，并对法定评估的程序予以规范，有利于保障法定评估业务依法规范进行

C.《资产评估法》统一规范了评估当事人的权利、义务和责任，有利于保障委托人、评估机构及其评估专业人员等评估当事人的合法权益

D.《资产评估法》通过规范资产评估从业人员和从业机构的行为，提高行业专业水准，增强社会公信力，有利于促进评估行业健康持续发展

9. 下列关于资产评估报告分类的表述，错误的是（   ）。

A. 按《资产评估法》中规定的法律定位划分，资产评估报告分为法定评估业务评估报告和非法定评估业务评估报告

B. 按评估对象划分，资产评估报告可分为整体资产评估报告和单项资产评估报告

C. 按照评估报告的繁简程度，资产评估报告可以分为限制型评估报告和非限制型评估报告

D. 根据评估基准日的不同选择，资产评估报告可以分为现时性评估报告、预测性评估报告、追溯性评估报告

10. 下列关于评估委托人的表述，错误的是（   ）。

A. 评估委托人认为评估机构或者评估专业人员违法开展业务的，可以向有关评估行政管理部门或者行业协会投诉、举报

B. 为司法诉讼当事人的诉讼请求提供协助的资产评估，可以由诉讼举证方委托评估机构评估

C. 按照国有资产评估管理法规的规定，对国有企业法人财产转让时需要由产权持有人委托评估机构

D. 资产评估是独立提供中介服务的专业活动，委托人的确定可以基于自愿协商的原则进行

11. 在2020年新冠疫情早期，口罩等卫生防护用品价格大涨，而且很难买到。对此现象，下列解释中比较合理的是（   ）。

A. 口罩是"吉芬商品"，专家号召戴口罩导致口罩脱销

B. 凡勃伦效应的影响，导致"一罩难求"

C. 除口罩外，蔬菜等日常消费品的价格也上涨了

D. 消费者预期口罩的价格还会上涨，大量购买

12. 下列有关我国国有资产评估项目审核与评审的依据的表述中，错误的是（   ）。

A. 根据《企业国有资产评估管理暂行办法》，备案管理单位审核评估方法，应当重点关注评估方法选择是否合理，是否符合相关评估准则的规定要求

B. 根据《企业国有资产评估报告指南》，审核境外评估机构出具的评估报告，应当关注其是否明示了所依据的评估准则，是否合理参考了境外评估准则及要求

C.《金融企业国有资产评估监督管理暂行办法》规定，财政部门受理申请后，应当对申请材料进行审查

D.《中央文化企业国有资产评估管理暂行办法》规定，专家评审重点包括审核评估程序和评估报告是否符合评估准则的规定等十个方面内容

13. 下列选项中，不属于完全竞争市场必须具备的条件的是（   ）。

A. 有大量的买者和卖者　　　　　　　B. 资源能够自由流动
C. 信息畅通、完全　　　　　　　　　D. 厂商生产和销售的商品没有替代品

14. R公司是有限责任公司，现以经审计的净资产账面价值折股变更为股份有限公司，需要进行资产评估。此目的的评估，评估的评估对象是该公司按照《公司法》规定可以作为出资的（　　）。
A. 可辨识资产和相关负债　　　　　　B. 经审计确认的债权
C. 经审计确认的股权　　　　　　　　D. 账面所有者权益

15. 关于有效市场的形态，下列表述中不正确的是（　　）。
A. 在半强式有效市场中，只有那些利用内幕信息者才能获得非正常的超额利润
B. 在强式有效市场中，任何人都不可能通过公开或内幕信息来获取超额收益
C. 在强式有效市场中，证券组合的管理者往往努力寻找价格偏离价值的证券
D. 在弱式有效市场中，要想取得超额回报，必须寻求历史价格信息以外的信息

16. 下列关于需求理论的表述中，错误的是（　　）。
A. 商品的需求量与其替代品价格呈现同方向变动
B. 政府对部分商品征收消费税会影响人们对这些商品的需求
C. 需求曲线向右下方倾斜，是由于边际效应递减规律的作用
D. 多数情况下，低档商品的需求曲线是向右上方倾斜的

17. 某被评估生产线的设计生产能力为年产20000台产品，因市场需求结构发生变化，在未来可使用年限内，每年减少生产4000台产品，每台产品损失利润40元，该生产线尚可继续使用5年，企业所在行业的投资回报率为9%，所得税税率为25%。则该生产线的经济性贬值额大约为（　　）元。
A. 466764　　　　B. 582563　　　　C. 442368　　　　D. 383215

18. 大禹公司向银行借入200万元，约定期限为5年，每年末需要向银行还本付息50万元，那么该项借款的利率最接近于（　　）。（已知：(P/A, 7%, 5)=4.1002, (P/A, 8%, 5)=3.9927）
A. 7.093%　　　　B. 8.215%　　　　C. 6.930%　　　　D. 7.932%

19. 以下关于边际效用的表述，错误的是（　　）。
A. 对于通常情况来说，消费者消费商品服从边际效用递减规律
B. 随着商品或劳务消费量的增加，总效用递减的速度不断增加
C. 边际效用可以通过消费某商品获得的效用与消费其他商品所获得的效用比来衡量
D. 边际效用是指在一定时间内消费者每增加一个单位商品或者劳务的消费所得到的总效用增量

20. 第十三届全国人民代表大会常务委员会第十五次全体会议修订通过《中华人民共和国证券法》的时间是（　　）。
A. 2017年9月6日　　　　　　　　　　B. 2018年11月26日

C. 2019年12月28日　　　　　　D. 2020年2月17日

21. 《资产评估法》规定，资产评估机构应当自领取营业执照之日起（　　）内，通过备案信息管理系统向所在地省级财政部门备案。

A. 5日　　　　B. 15日　　　　C. 30日　　　　D. 60日

22. 下列关于国际评估准则框架的表述，正确的是（　　）。

A. 国际评估准则只可应用于资产的评估，不可应用于负债的评估

B. 国际评估准则框架对遵循准则、资产和负债、评估师、客观性、专业胜任能力、偏离等方面进行了说明

C. 任何偏离的性质都必须予以识别，当出现强制性的偏离时，评估师不可以声明评估执业是遵循IVS的

D. 如果评估师不具备全面开展评估业务所需的技术技能经验和专业知识，则该评估师不可以受理该评估业务

23. 下列关于资产评估委托合同的有关表述，正确的是（　　）。

A. 在约定评估服务费时，委托人预期达到的经济行为目的是否完成不应该影响评估服务费的多少及支付方式和支付时间

B. 订立评估委托合同时若有尚未明确的内容，则须协商解除原委托合同，重新订立一份完整的评估委托合同

C. 因资产评估业务只能由资产评估机构承接，资产评估委托合同加盖资产评估机构印章即成立

D. 因委托人原因导致无法及时订立资产评估委托合同，资产评估机构应当暂停资产评估业务，待与委托人订立资产评估委托合同后再开展评估业务

24. 关于评定估算形成评估结论，下列表述中，错误的是（　　）。

A. 采用成本法，应当合理确定重置成本和各相关贬值因素

B. 采用市场法，应当合理选择评估机构，分析评估对象的相关资料和价值影响因素，通过调整，得出评估对象的价值

C. 采用收益法，应当合理预测未来收益，并合理确定收益期和与收益口径一致的折现率，通过折现计算，得出评估对象的评估值

D. 当采用两种以上评估方法时，资产评估专业人员应当对采用各种方法评估形成的初步结论进行分析比较

25. 下列有关对资产评估机构自主管理的主要内容的表述中，错误的是（　　）。

A. 资产评估机构应当依法开展业务，不具备两名以上资产评估师条件的，不得开展法定资产评估业务

B. 法定评估业务的评估报告应当由两名资产评估师签署，资产评估机构及签字资产评估师依法承担责任

C. 评估机构应当指定一名取得资产评估师资格的本机构合伙人或者股东专门负责执业质量控制

D. 资产评估机构与分支机构加入资产评估协会，平等享有章程规定的权利、履行章程

规定的义务

26. 下列关于资产评估报告使用人的表述，错误的是（　　）。

A. 评估报告使用人有权按照法律和行政法规规定、资产评估委托合同约定和资产评估报告载明的使用范围和方式使用评估报告或评估结论

B. 评估报告使用人未按照法律、法规或资产评估报告载明的使用范围和方式使用评估报告的，将减轻或免除评估机构和评估专业人员的责任

C. 资产评估机构和资产评估专业人员不承担非评估报告使用人使用评估报告的任何后果和责任

D. 评估报告使用人是指法律、行政法规明确规定的，或者评估委托合同中约定的有权使用资产评估报告或评估结论的当事人

27. 在运用成本法进行资产评估时，下列选项中表述错误的是（　　）。

A. 对于更新改造过的资产而言，其实体性贬值的计量还应充分考虑更新改造投入的资金对资产寿命的影响，否则可能会过高地估计实体性贬值

B. 成本法充分考虑了资产的损耗，使得评估结果更能反映市场对于获得某单项资产愿意付出的平均价格，有利于评估单项资产和具有特定用途的资产

C. 重置成本是按在现行市场条件下重新购建一项全新资产所支付的全部货币总额，应该包括资产开发和制造商的合理收益

D. 资产的经济性贬值，是指资产由于使用及自然力的作用导致的资产的物理性能的损耗或下降而引起的资产的价值损失

28. 下列关于资产评估特点的表述中，正确的是（　　）。

A. 公正性是指资产评估应当维护资产评估委托人的利益

B. 资产评估结论本身并无强制执行的效力

C. 资产评估从事的是权属鉴证，而不是价值鉴证

D. 资产评估机构及其评估人员对资产价值的估计判断是有较大主观性的

29. 资产评估作为一门学科，与其他学科一样，其理论体系和方法体系的确立也建立在一系列假设基础上。以下关于资产评估假设的表述，错误的是（　　）。

A. 公开市场假设是对拟进入的市场的条件，以及资产在较为完善市场条件下接受何种影响的一种假定说明或限定

B. 持续经营假设是假设一个经营主体的经营活动在未来可预测的时间内不会中止或终止，与清算假设是相互对立的

C. 企业停产搬迁或者进行搬迁补偿目的的评估，需要应用原地使用假设，评估其现状使用价值

D. 如果资产的最高最佳用途与其现状用途不同，由现状用途转换为最高最佳用途的成本应当在计算其最高最佳用途价值时予以扣除

30. 以下选项中，不属于资产评估职业道德要求中对客观性的具体描述的是（　　）。

A. 资产评估专业人员对资产评估活动中涉及的事项应当坚持科学的方法和态度，实事求是

B. 应对执业能力作出客观评价，对于无法胜任的业务，应当放弃承接或通过寻求有效支持手段满足胜任要求

C. 资产评估专业人员依据国家法律及资产评估准则进行资产评估活动以及发表评估意见时不受所在资产评估机构的非法干预

D. 资产评估机构和资产评估专业人员对机构内部或不同评估机构所持有的不同评估观点不应抱有任何偏见

二、多项选择题（共15题，每题2分，共30分。每题的备选项中，有2个或2个以上符合题意，至少有1个错项。错选，本题不得分；少选，所选的每个选项得0.5分）

1. 扩大内需、促进消费，是我国在大规模新冠疫情后实现经济复苏面临的战略任务。下图中，P为价格，Q为需求量，D_1为变动前曲线，D_2为变动后曲线。在商品价格不变的情况下，下列措施中，有利于扩大内需，促进D_1向D_2移动的是（　　）。

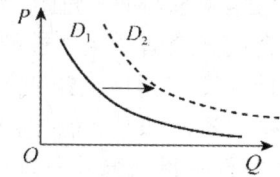

A. 全国数十个城市陆续向居民发放餐饮、零售、旅行、汽车等消费券

B. 大规模减税降费，如高速公路限时免费通行，降低网购流通成本

C. 保民生、兜底线，完善社会保障体系，阶段性提高价格临时补贴标准

D. 阶段性免征小规模纳税人增值税，大幅度提高小规模纳税人增值税起征点

E. 对于受疫情影响生产经营发生困难的企业，及时核准其延缓缴纳税款申请

2. 我国《刑法》及其修正案规定对涉及资产评估的刑事责任，具体罪名包括（　　）。

A. 泄露客户商业秘密罪　　　　　　B. 提供虚假证明文件罪

C. 出具证明文件重大失实罪　　　　D. 谋取不当经济利益罪

E. 单位犯扰乱市场秩序罪

3. 关于资产评估的基本方法，下列表述中，正确的是（　　）。

A. 欲比较一栋2万平方米的大楼与一栋3万平方米的大楼，需要引入"每平方米的价值"这一单位价值指标建立可比基础

B. 收益法是从资产的获利能力角度来确定资产的价值，计算公式非常完美，相对于市场法和成本法，评估结果更为准确

C. 收益法利用投资回报和收益折现等技术手段，把评估对象的预期获利能力和获利风险作为两个相辅相成的关键指标来估测评估对象的价值

D. 资产评估中的损耗，是根据历史成本对资产的实际价值损耗的计量，反映资产价值的预计损失额

E. 收益法中的"客观收益"是资产在正常条件下能够获得的收益，也可以通过对资产实际获得的收益进行调整，剔除特殊、偶然等因素影响的数额得到

4. 资产评估机构应当自领取营业执照之日起30日内，通过备案信息管理系统向所在

地省级财政部门备案。备案应提交的材料包括但不限于（　　）。
　　A. 统一社会信用代码　　　　　　　B. 资产评估机构备案表
　　C. 合伙协议或公司章程　　　　　　D. 资产评估机构质量控制制度
　　E. 资产评估机构内部管理制度

　　5. 下列关于资产评估目的的表述中，正确的是（　　）。
　　A. 服务于司法的资产评估业务之一是民事判决执行中帮助确定拟拍卖、变卖执行标的物的处置价值
　　B. 抵（质）押资产评估的评估目的是了解用于抵（质）押资产的价值，作为确定授信额度或发放贷款金额的参考依据
　　C. 发行股份购买资产评估目的是确定股票的发行价格，为上市公司发行股票提供价格参考
　　D. 抵税财物处置环节的资产评估是与税务领域相关的评估业务
　　E. 转让定价目的的资产评估是为标的资产转让定价提供参考意见

　　6. 资产评估是公众利益的维护者，具体表现在（　　）。
　　A. 正是资产评估机构职能的发挥，才将"看不见的手"与"看得见的手"完美融合，使"公开、公平、公正"的经济秩序得以维护和优化
　　B. 资产评估通过促进市场资源的优化配置，为政府增收节支、企业提高经济效益、全社会增加经济总量作出了重要贡献，从而改善了社会公众的整体福祉
　　C. 资产评估通过完善经济秩序，保障了纳税人的合法权益
　　D. 林权评估、碳排放交易评估等相关业务，有助于消除外部不经济，加快建设资源节约型和环境友好型社会
　　E. 资产评估通过进入司法鉴证业务领域，已逐步在防止贪污腐败、实现司法公正方面发挥越来越突出的作用

　　7. 在运用成本法评估资产时，下列属于成本法的应用前提的是（　　）。
　　A. 评估对象能正常使用或者在用
　　B. 公开市场上要有可比的资产及其交易活动
　　C. 评估对象的未来预期收益可以被预测并可以用货币来衡量
　　D. 评估对象能够通过重置途径获得
　　E. 评估对象的重置成本以及相关贬值能够合理估算

　　8. W有限责任公司因拟改制为股份有限公司，需进行企业价值评估，资产评估专业人员了解到该公司因城市规划需要，将整体搬迁到开发区经营。对于该评估项目，根据我国的资产评估准则，需要用到的评估假设是（　　）。
　　A. 持续经营假设　　　　　　　　　　B. 原地使用假设
　　C. 现状利用假设　　　　　　　　　　D. 移地使用假设
　　E. 最高最佳使用假设

　　9. 下列关于资产评估委托合同的表述，正确的是（　　）。
　　A. 订立评估委托合同时尚未明确的内容，评估委托合同签约方可以采取签订补充合同

或法律允许的其他形式作出后续约定

B. 资产评估委托合同签订后，发现相关事项存在遗漏、约定不明确，或者合同履行中约定内容发生变化的，资产评估机构可以要求与委托人签订补充委托合同或者重新签订委托合同

C. 委托人要求出具虚假资产评估报告或者有其他非法干预评估结论情形的，资产评估机构有权单方解除合同

D. 若资产评估机构提前终止或单方面解除资产评估委托合同，则无权要求委托人支付评估服务费

E. 资产评估委托合同只能由资产评估机构的法定代表人（或者执行合伙事务合伙人）订立

10. 下列表述中，属于资产经济性贬值产生的主要原因的是（　　）。
A. 社会通货膨胀　　　　　　　B. 生产技术落后
C. 政府产业政策调整　　　　　D. 市场需求结构变化
E. 传染病流行导致开工不足

11. 在评估资料的核查验证受到限制时，应采取的正确做法有（　　）。
A. 如果计划采用的核查验证实施方式无法执行，资产评估专业人员应当对该具体事项进行说明
B. 对超出资产评估专业人员胜任能力的核查验证事项，资产评估机构可以委托或者要求委托人委托相关专业机构出具专业意见
C. 对于因法律法规规定、客观条件限制无法实施核查和验证的事项，资产评估专业人员应当在工作底稿中予以说明
D. 相关专业机构出具的专业意见，评估专业人员经过核查验证后可以在评估中使用并披露引用专家意见情况
E. 如果无法核查验证事项对评估结论产生重大影响或者无法判断其影响程度，评估机构不得出具资产评估报告

12. 下列关于资产评估报告的基本要求的描述，正确的有（　　）。
A. 陈述的内容应当清晰、准确，不得有误导性的表述
B. 详略程度可以根据评估对象的复杂程度、委托人的要求合理确定
C. 评估结论反映评估基准日的价值判断，仅在评估基准日成立，所以资产评估报告应当明确评估结论的使用有效期
D. 资产评估报告一般以人民币为计量币种，使用其他币种计量的，应当注明该币种在评估基准日与人民币的汇率
E. 资产评估报告应当使用中文撰写，需要同时出具外文资产评估报告的，中、外文资产评估报告同等重要

13. 下列关于劳动价值论的论述，错误的是（　　）。
A. 商品的价值量同生产该商品的劳动生产率成反比
B. 价值是凝结在商品中的无差别的人类劳动，是商品的社会属性

C. 商品价值量由生产这种商品的劳动量决定，按照等价原则交换
D. 商品是用于交换的劳动产品，包含使用价值和价值两个因素
E. 抽象劳动构成了商品的使用价值，具体劳动则形成了商品的价值

14. 在明确资产评估基本事项时，对于评估基准日的选择，应重点考虑的因素有（　　）。
A. 有利于评估结论有效服务于评估目的
B. 评估基准日尽可能选择在会计期末
C. 有利于现场调查、评估资料收集等工作的开展
D. 法律、法规有专门规定的，从其规定
E. 资产评估机构及其评估专业人员的从业经验

15. 下列关于《国际评估准则基本准则》的表述，正确的是（　　）。
A. 基本准则明确，评估师为其雇主进行的评估（受雇）、非雇主的客户进行的评估（受聘）、评估复核，均是其适用范围
B. 在工作完成及报告前，评估师必须确保评估意见的预期使用者能够理解所提供的评估报告以及使用时的限制条件
C. 评估复核，属于再评估性质，要求复核人提供自己的价值意见
D. 评估范围可能在评估业务开始就已经确定，也可能在整个业务执行中才逐步确定
E. 评估依据的假设和特别假设必须在有事实支持的设定环境下是合理的，可能与需要的评估目的并不相关

三、综合题（共3题，第1题10分，第2题和第3题各15分，共40分）

1. 国有控股企业A（以下简称"A企业"），欲收购民营企业B的全资子公司C。根据有关法律法规规定，此收购行为需要进行资产评估。A企业的主管部门国有资产监督管理机构和B公司共同委托甲资产评估公司（以下简称"甲公司"）对C公司的股权价值进行评估。评估基准日为2020年12月31日。甲公司采用成本法和收益法评估，经综合分析，采用收益法的评估结果2.9亿元，据此编制和提交资产评估报告。2021年3月，A企业完成收购，但收购后C公司经营不理想，2年中达不到预期，2023年4月，A企业又委托乙资产评估公司（以下简称"乙公司"）重新评估。乙公司采用收益法评估，以2021年、2022年的收益作为预期收益，并根据C公司的市场条件进行预测，评估结果为2.1亿元。由此，A企业认为甲公司当时的评估结果过高，要求甲公司赔偿。甲公司认为不应当赔偿，理由是：（1）评估结论有效期一年，A企业两年后才要求赔偿，已超过有效期。（2）乙公司评估时预测的原则不合理。

问题：
（1）甲公司认为不应当赔偿的理由是否适当？为什么？
（2）乙公司的评估是否适当？为什么？
（3）乙公司评估报告属于何种类型？此种类型评估报告结论说明什么问题？

2. 案例资料：A企业拥有一台大型机器设备，欲于2022年9月对外出售变现，现委托Z评估机构对该机器设备8月1日的价值进行评估。评估专业人员于2022年8月10日开始进行评估工作，8月25日结束工作并向委托方提交评估报告。评估报告的有效期为一

年。在评估过程中，评估专业人员引用了该机器设备的审计报告，该审计报告的截止日为 2022 年 7 月 31 日。8 月 30 日，该机器设备的市场状况突然发生重大不利变化，价格出现较大幅度的下跌，但评估机构未对该事项进行相关了解和披露。

要求：

（1）请说明该案例中资产评估业务的评估对象及评估范围如何确定。

（2）案例中资产评估专业人员引用审计报告的行为是否恰当？请说明理由。

（3）简述资产评估基准日后的期后事项的处理原则。

（4）案例中，资产评估机构未对被评估机器设备发生重大不利变化的情况进行了解和披露，此行为是否恰当？请说明理由。

3. 2020 年 3 月，中国资产评估协会发布《关于印发〈资产评估专家指引第 10 号——在新冠疫情期间合理履行资产评估程序〉的通知》，该通知要求：疫情防控期间，资产评估机构及其资产评估专业人员，应当及时与委托人沟通，根据被评估单位所在地域的疫情防控要求以及业务具体情况，可以延后现场调查、核查验证时间，避开防疫管控期和人员隔离期。资产评估机构及其资产评估专业人员先行通过电子邮件、视频、微信等现代通信方式获取资料，开展基础核查工作，并待疫情结束再补充现场核查工作的，应当做好相关评估工作计划。

对于开展基础核查工作后认为资产评估程序受限对评估结论不产生重大影响，并且确实亟须出具资产评估报告的，经委托人、有关监管部门和资产评估报告使用人同意，资产评估机构及其资产评估专业人员可以先行出具资产评估报告，待疫情结束后再开展现场核查工作，并在资产评估报告中对受限事项予以披露，提请资产评估报告使用人对未履行现场核查程序予以特别关注。

问题：

（1）专家指引是否是资产评估执业准则？为什么？

（2）现场调查的手段有哪些？在何种情况下，可终止评估？

（3）该专家指引第 10 号有何意义？是否意味着出具评估报告放宽了要求？为什么？

2023年资产评估师资格全国统一考试《资产评估基础》大模考热身试卷（六）参考答案及解析

一、单项选择题

1. 【答案】D
【解析】选项 D 属于法律法规限制现场调查原因导致的现场调查受限。

2. 【答案】C
【解析】《民法典》第一百九十二条明确，诉讼时效期间届满的，义务人可以提出不履行义务的抗辩。该条同时还规定，诉讼时效期间届满后，义务人同意履行的，不得以诉讼时效期间届满为由抗辩；诉讼时效期间届满后，义务人已自愿履行的，不得请求返还。选项 C 错误，其他选项均正确。

3. 【答案】A
【解析】评估业务委托人与评估对象的产权持有人不是同一主体时，了解其间的关系就非常必要，这通常关系到评估业务有关资料收集与现场调查等工作的配合程度。选项 A 正确，其他选项均错误。

4. 【答案】B
【解析】复利是指不仅对本金计算利息，还对前期所产生的利息也计算利息的一种计息方式。选项 B 错误，其他选项均正确。

5. 【答案】B
【解析】超过有效期限，评估基准日的评估结论很可能不能反映经济行为发生日的评估结论。选项 B 错误，其他选项均正确。

6. 【答案】B
【解析】对于成本和利润较为稳定并且资本结构近似的企业，可以采用收益口径的价值比率进行评估。选项 B 错误，其他选项均正确。

7. 【答案】C
【解析】目前，国有资产评估对追溯性或者预测性评估的评估基准日的选择都没有作出规定。选项 C 的表述错误。

8. 【答案】B

【解析】《资产评估法》明确只有评估师才能从事法定评估业务，并对法定评估的程序予以规范，有利于保障法定评估业务依法规范进行，从而保障国有资产的安全，保障公共利益不受非法侵害。选项 B 错误，其他选项均正确。

9. 【答案】C

【解析】按照评估报告的繁简程度，评估报告可以分为评估报告和限制型评估报告。

10. 【答案】D

【解析】《资产评估法》规定，资产评估业务分为法定评估业务和非法定评估业务。对于法定评估业务，委托人的确定需要符合国家有关法律、法规的规定；对于非法定评估业务，委托人的确定可以基于自愿协商的原则进行。选项 D 错误。

11. 【答案】D

【解析】消费者预期某种商品价格会下降，会降低当期购买的欲望，造成该商品需求量减少；反之，如果预期商品价格会上升，会增加当期购买的意愿，导致该商品需求量增加，需求量的增加会进一步提高商品的价格。

12. 【答案】B

【解析】审核境外评估及估值机构出具的评估或估值报告，应当关注其是否明示了所依据的评估准则，是否合理参考了境内评估准则及要求等。选项 B 错误，其他选项均正确。

13. 【答案】D

【解析】完全竞争市场的条件：①有大量的买者和卖者；②每个厂商提供的都是完全同质的商品；③各种资源能够自由流动；④信息畅通、完全。

14. 【答案】A

【解析】有限责任公司以经审计的净资产账面价值折股变更为股份有限公司的，资产评估对象和范围均是有限责任公司按照《公司法》规定可以作为出资的可辨识资产和相关负债，如果变更中因引进战略投资者而委托资产评估，评估对象应当为有限责任公司的股东权益，评估范围则是该公司的全部资产及负债。选项 A 正确。

15. 【答案】C

【解析】在弱式和半强式有效市场中，证券组合的管理者往往积极进取，努力寻找价格偏离价值的证券。对于证券组合的管理来说，如果市场是强式有效的，组合管理者会选择消极保守型的态度，只求获得市场平均的收益率水平。选项 C 不正确，其他选项均正确。

16. 【答案】D

【解析】对于低档商品来说，替代效应与价格变动方向相反，收入效应与价格变动方向相同。多数情况下，低档商品替代效应作用大于收入效应作用，所以低档商品的需求曲线应该是向右下方倾斜的。选项 D 错误，其他选项均正确。

17. 【答案】A

【解析】运用直接计算法计算该生产线的经济性贬值额。

经济性贬值额=（4000×40）×（1-25%）×（P/A，9%，5）
         =120000×3.8897
         =466764（元）。

18. 【答案】D

【解析】假设利率为r，根据题中条件，则有：50×（P/A，r，5）=200，则（P/A，r，5）=4。已知：（P/A，7%，5）=4.1002，（P/A，8%，5）=3.9927，说明r非常接近于8%，选项D正确。

19. 【答案】C

【解析】边际效用是指在一定时间内消费者增加一个单位商品或者劳务的消费所得到的增加的效用量或增加的满足，也就是每增加一个单位商品或劳务的消费所得到的总效用增量。所以，选项C的表述是错误的。

20. 【答案】C

【解析】2019年12月28日，第十三届全国人民代表大会常务委员会第十五次全体会议修订通过了《中华人民共和国证券法》。

21. 【答案】C

【解析】根据《资产评估法》的规定，资产评估机构应当自领取营业执照之日起30日内，通过备案信息管理系统向所在地省级财政部门备案。选项C正确，其他选项均错误。

22. 【答案】B

【解析】国际评估准则可用于资产和负债，以及对资产和负债的当前和未来的所有权的评估，选项A错误；国际评估准则框架对遵循准则、资产和负债、评估师、客观性、专业胜任能力、偏离等方面进行了说明，选项B正确；"偏离"是指评估执业过程中必须遵守的特定立法、监管或其他权威机构的要求与IVS的相关要求不一致的情形。遵循IVS的原则，评估师必须遵守与评估目的和司法管辖权相适应的立法、监管或其他权威机构的恰当要求，这种偏离是强制性的偏离。当在这些情况下出现偏离时，评估师仍然可以声明评估执业是遵循IVS的，选项C错误；如果评估师不具备全面开展评估业务所需的技术技能、经验和专业知识，则该评估师可以在整个业务的某些方面寻求专家帮助，但要在工作范围内（见IVS 101工作范围）和评估报告中（见IVS 103报告）披露该事项。评估师必须具备理解、诠释和利用任何专家工作的技术技能、经验和知识，选项D错误。

23. 【答案】A

【解析】签订评估委托合同时尚未明确的内容，评估委托合同签约方可以采取签订补充合同或法律允许的其他形式作出后续约定，选项B错误；评估委托合同应当由资产评估机构的法定代表人（或者执行合伙事务合伙人）签字并加盖资产评估机构印章，选项C错误；如果因委托人等原因导致无法及时订立资产评估委托合同，资产评估机构和资产评估专业人员应关注未及时订立资产评估委托合同可能产生的风险，并采取必要的措施，选项D错误。

24. 【答案】B

【解析】采用市场法，应当合理选择可比案例，分析评估对象和可比参照物的相关资料和价值影响因素，通过可比因素的差异调整，得出评估对象的价值。

25. 【答案】B

【解析】法定资产评估业务的资产评估报告应当由两名以上承办业务的资产评估师签署，并履行内部程序后加盖资产评估机构印章，资产评估机构及签字资产评估师依法承担责任。选项 B 错误，其他选项均正确。

26. 【答案】B

【解析】评估报告使用人未按照法律、法规或资产评估报告载明的使用范围和方式使用评估报告的，评估机构和评估专业人员将不承担责任，选项 B 表述错误，其他选项均正确。

27. 【答案】B

【解析】经济性贬值是指由于外部条件的变化引起资产收益、资产利用率发生持续减少、下降或者闲置等而造成的资产价值损失。主要有市场竞争性因素引起的经济性贬值和政策因素引起的经济性贬值。资产的实体性贬值，是指资产由于使用及自然力的作用导致的资产的物理性能的损耗或下降而引起的资产的价值损失。选项 D 错误，其他选项均正确。

28. 【答案】B

【解析】公正性是指资产评估应当维护社会公共利益和各方当事人的合法权益，而不能片面维护某一方面的利益，选项 A 错误。资产评估结论是为资产业务提供专业化估价意见，该意见本身并无强制执行的效力，有咨询性的特点，选项 B 正确。资产评估的鉴证性是指资产评估从事的是价值鉴证，而不是权属鉴证，选项 C 错误。专业性是指资产评估是由专业人员从事的专业技术判断活动，这就要求从事资产评估的机构应由一定数量和不同类型的专家及专业人员组成。一方面，这些资产评估机构形成专业化分工，使得评估活动专业化；另一方面，资产评估机构及其评估人员对资产价值的估计判断，也应建立在专业技术知识和经验的基础之上。选项 D 错误。

29. 【答案】C

【解析】移地使用假设一般多用于评估可移动的资产。例如企业停产搬迁或者进行搬迁补偿目的的评估。这时，企业的设备一般都需要从原安装地拆除，搬迁到新地址后再安装调试，因此，需要在评估中选择移地使用假设，并需要根据评估目的要求和买卖双方的约定，恰当处理相关拆除、运输以及再安装费用。选项 C 错误。

30. 【答案】C

【解析】客观性要求资产评估机构及资产评估专业人员，应当以事实为依据，客观地发表评估意见。具体要求有 11 项。选项 C 不属于客观性，是对独立性的具体描述。选项 C 不属于资产评估职业道德要求中对客观性的具体描述，其他选项均正确。

二、多项选择题

1. 【答案】AC

【解析】当影响需求的其他因素不变，仅仅是商品价格出现变动时，该商品的需求量会沿着需求曲线发生移动，表现为同一条需求曲线上相应点的移动，被称为需求量的变动。当商品的价格不变，影响需求的其他因素发生变化时，该商品需求数量的变动表现为需求曲线的位置发生移动,被称为需求的变动。选项 B 导致价格下降,导致需求量的变动而不是需求的变动。选项 A、选项 C 可以在实际上提高消费者收入,有利于扩大内需,引起需求增加,促进 D_1 向 D_2 移动。选项 D、选项 E 有利于增加供给。

2. 【答案】BCE

【解析】我国《刑法》及其修正案规定涉及资产评估刑事责任,具体罪名包括:①提供虚假证明文件罪、出具证明文件重大失实罪;②单位犯扰乱市场秩序罪。

3. 【答案】ACE

【解析】虽然从理论上讲收益法的计算公式较完美,但是如果所使用的假设条件和基于假设条件选取的数据存在问题,那么由此进行的预测也不可能准确,评估结果也就没有意义,选项 B 错误。资产评估中的损耗,是根据重置成本对资产的实际价值损耗的计量,反映资产价值的现实损失额,选项 D 错误。其他选项均正确。

4. 【答案】ABDE

【解析】资产评估机构应当自领取营业执照之日起 30 日内向所在地省级财政部门备案,需提交以下材料:①资产评估机构备案表;②统一社会信用代码;③资产评估机构合伙人或者股东以及执行合伙事务的合伙人或者法定代表人 3 年以上从业经历、最近 3 年接受处罚信息等基本情况;④在该机构从业的资产评估师、其他专业领域的评估师和其他资产评估从业人员情况;⑤资产评估机构质量控制制度和内部管理制度。选项 C 错误,其他选项均正确。

5. 【答案】ABDE

【解析】发行股份购买资产是指上市公司通过增发股份的方式购买相关资产。这种行为的实质是采用非货币资产对股份公司进行增资。评估目的是评估标的资产的价值,为上市公司确定资产购买价格和股票发行方案提供参考。选项 C 错误,其他选项均正确。

6. 【答案】BCDE

【解析】选项 A 是资产评估在规范经济秩序中的促进作用,其他选项均为资产评估对维护公众利益方面的重要作用。

7. 【答案】ADE

【解析】成本法的应用前提:①评估对象能正常使用或者在用;②评估对象能够通过重置途径获得;③评估对象的重置成本以及相关贬值能够合理估算。选项 B 属于市场法的应用前提,选项 C 属于收益法的应用前提。

8. 【答案】ADE

【解析】该公司要进行整体搬迁,继续经营,并非清算,符合持续经营假设的要求;资产搬迁后使用,不属于原地使用而是移地使用;移地使用是指一项资产不在原来的安装地继续被使用,而是要被转移到另外一个地方继续使用,当然使用方式和目的可能会改变,也可能不改变,可能实现最高最佳使用。

9. 【答案】ABC

【解析】对因法定情由提前终止和解除资产评估委托合同的情形,以及其他非资产评估机构及其评估专业人员原因导致资产评估委托合同解除的情形，资产评估机构可以依据法律规定和相关资产评估准则要求，在洽商、订立资产评估委托合同时与委托人约定：相关法定或特定的资产评估委托合同提前终止、解除的情形发生时，由委托人按照已经开展资产评估业务的时间、进度，或者已经完成的工作量支付相应的评估服务费，选项 D 错误；在评估实务中，评估机构可以授权内部人员和分支机构签署委托合同的情形，通过内部管理制度加以规范，选项 E 错误。

10.【答案】ACDE

【解析】资产的经济性贬值是指由于外部条件的变化引起资产收益、资产利用率发生持续减少、下降或者闲置等而造成的资产价值损失，除选项 B 以外，其他选项均属于产生资产经济性贬值的主要原因。

11.【答案】BCDE

【解析】如果计划采用的核查验证实施方式无法执行，资产评估专业人员应当对该具体事项进行评判，确定是否需要采取其他替代措施完成核查验证工作，选项 A 错误，其他选项均正确。

12.【答案】ABCD

【解析】资产评估报告应当使用中文撰写，需要同时出具外文资产评估报告的，以中文资产评估报告为准。

13.【答案】CE

【解析】商品价值量由生产这种商品的社会必要劳动时间决定，商品按照价值量相等的原则进行交换，选项 C 错误；生产商品的劳动二重性决定了商品的二因素，具体劳动构成了商品的使用价值，抽象劳动则形成了商品的价值，选项 E 错误。其他选项均正确。

14.【答案】ACD

【解析】企业价值评估业务中评估基准日尽可能选择会计期末，并非所有的评估业务基准日都尽可能在会计期末，选项 B 错误；评估基准日的选择应该是委托人的责任，评估专业人员可以提供相关专业建议，选项 E 错误。其他选项均正确。

15.【答案】ABD

【解析】评估复核，此时可能并不要求复核人提供自己的价值意见，选项 C 错误。评估依据的假设和特别假设必须在有事实支持的设定环境下是合理的，并与需要的评估目的相关，选项 E 错误。其他选项均正确。

三、综合题

1.【答案及解析】

（1）甲公司认为不应当赔偿的理由是不适当的。适当的理由应该是：资产评估报告使用人应当正确理解评估结论，评估结论不等同于评估对象可实现价格，评估结论不应当被认为是对评估对象可实现价格的保证；同时，判断评估报告是否存在不实，应从评估程序合法性和评估结论客观真实性上分析。甲公司应着重阐明执行的评估程序并无不当，根据委托方提供资料得出的评估结论是客观的，没有违反法律规定，不应承担相应责任。

(2) 乙公司的评估是不适当的。原因是：收益额是运用收益法评估资产价值的基本参数之一。在资产评估中，资产的收益额是指根据投资回报的原理，资产在正常情形下所能得到的归其产权主体的所得额。资产评估中的收益额有两个比较明确的特点：①收益额是资产未来预期收益额，而不是资产的历史收益额或现实收益额；②用于资产评估的收益额通常是资产的客观收益，而不一定是个别拥有者使用资产实际获得的收益。前述的"客观收益"是资产在正常条件下能够获得的收益，也可以通过对资产实际获得的收益进行调整，剔除特殊、偶然等因素影响的数额得到。收益额的上述两个特点是非常重要的，评估专业人员在执业过程中应切实注意收益额的特点，以便合理运用收益法来评估资产的价值。

(3) 本评估是为国有控股企业 A 收购民营企业 B 的全资子公司 C 提供价值参考，涉及国有资产，根据规定，涉及国有资产或者公共利益等事项，法律、行政法规规定需要评估的法定评估业务，所出具的评估报告为法定评估业务评估报告。乙公司 2023 年 4 月受托评估的是 C 公司 2020 年 12 月 31 日的企业价值，为国有控股企业 A 收购的经济行为提供价值参考。按《资产评估法》中规定的法律定位划分，乙公司评估报告属于法定评估业务评估报告。另外，按评估对象划分，乙公司评估报告属于整体资产评估报告；按评估基准日划分，乙公司评估报告属于追溯性评估报告；按监管主体的要求划分，乙公司评估报告属于国有资产业务评估报告。

评估基准日选择的是过去的某个日期，在评估工作日之前，相距通常不少于一年的时点，属于追溯性评估。一般追溯性评估结论的计量是以被评估对象在追溯基准日的货币价值体现，其计量标准采用的是追溯基准日时的币种、货币单位、汇率、利率等；评估对象应当反映其在追溯基准日时的物理、权属、利用等状态。评估时资产评估专业人员应当以追溯基准日时点的市场条件、政策环境等因素对评估对象进行预测或价值判断，不得考虑基准日后发生的、在评估基准日时无法合理预期的事件。

2. 【答案及解析】

(1) 评估对象应当由委托人依据法律法规的规定和经济行为的要求提出，并在评估委托合同中明确约定。在评估对象确定过程中，评估机构和资产评估专业人员应当关注其是否符合法律法规的规定、满足经济行为的要求，必要时向委托人提供专业建议。该案例中资产评估业务的评估对象是一台大型机器设备，为单项资产，单项资产的评估对象一般是其所对应的资产。至于评估范围，当资产评估对象是单项资产时，评估范围是对该项资产边界的描述。对于该案例中的评估而言，机器设备的评估范围通常要明确是否包含与设备本体相关的附件以及设备的基础、安装工程、附属设施等。对已安装机器设备的评估，在评估目的要求机器设备原地持续使用的条件下，评估范围通常包含设备本体以及附件、基础、安装工程、附属设施等；对于拟变现处置的机器设备，评估范围可能只包括设备本体及附件，同时还要根据委托约定确定是否包括设备的拆除等费用。资产评估范围应当依据法律法规的规定、实现评估目的要求，以及评估对象的特点合理确定，并在资产评估委托合同中明确界定，具体评估范围应由委托人负责确定。

(2) 案例中，当评估报告引用的专业报告是审计报告时，审计的截止日一般应与评估基准日保持一致。该案例中资产评估业务的评估专业人员引用审计报告的行为不恰当，因为该审计报告的截止日为 2022 年 7 月 31 日，而该资产评估业务的评估基准日是 2022 年 8 月 1 日，评估基准日不在审计报告的截止日内，审计报告不再具有评估的参考性，评估专业人员不应当引用该审计报告。

（3）评估机构和评估专业人员需要采用适当的方式，对评估专业人员撤离评估现场后至评估报告日之间，被评估资产所发生的相关事项以及市场条件发生的变化进行了解，并分析判断该事项和变化的重要性，对于较重大的事项应该在评估报告中进行披露，并提醒报告使用者注意该期后事项对评估结论可能产生的影响；如果期后发生的事项非常重大，足以对评估结论产生颠覆性影响，评估机构应当要求评估委托人更改评估基准日重新评估。如果评估机构的要求未被委托人采纳时，应当在评估报告中就此重大事项及影响进行使用风险特别提示。

（4）案例中，资产评估机构未对被评估资产发生重大不利变化的情况进行了解和披露的行为，并无不当。因为评估报告日是 8 月 25 日，被评估资产发生重大变化的时间为 8 月 30 日。被评估资产发生重大变化的时间在评估报告日之后，评估机构不再负有对被评估资产重大变化进行了解和披露的义务。

3. 【答案及解析】

（1）专家指引不是资产评估执业准则。原因是：资产评估执业准则是中国资产评估协会依据资产评估基本准则制定的资产评估机构及其资产评估专业人员在执行资产评估业务过程中应当遵循的程序规范和技术规范，包括具体准则、评估指南和指导意见。由于评估业务因经济行为、交易目的不同存在复杂多样的情况，专家指引中有些技术方法要求不适用于所有业务，因此，其不作为评估机构执业的强制性标准，仅作为参考，评估机构可以根据具体情况采用其他适当的做法。

（2）根据《资产评估执业准则——资产评估程序》第十二条的规定，现场调查手段通常包括询问、访谈、核对、监盘、勘查等。当现场调查工作受限时，资产评估专业人员应当从对评估结论的影响程度和替代程序两个角度，判断是否继续执行或终止评估业务。这里的替代程序是指在原定现场调查程序无法履行或者履行受限时资产评估专业人员为实现现场调查目标而另外执行的其他工作程序。如果无法采取替代程序对评估对象进行现场调查，或者即使履行替代程序，也无法消除原定程序受限对评估结论产生重大影响的事实，或者无法判断其影响程度，评估机构应当终止执行评估业务。如果通过实施替代程序之后，受限事项并不会对评估结论产生重大影响，评估机构可以继续执行评估业务，但是资产评估专业人员应当在工作底稿中予以说明，分析其对评估结论的影响程度，并在资产评估报告中说明所受限制情况、所采取的替代程序及其对评估结论合理性的影响。

（3）该专家指引第 10 号为指导资产评估机构及其资产评估专业人员在新冠疫情期间合理履行资产评估程序，供资产评估机构及其资产评估专业人员在新冠疫情期间执行资产评估业务时参考。专家指引第 10 号并不意味着出具评估报告放宽了要求。原因是：根据专家指引第 10 号，资产评估机构及其资产评估专业人员先行通过电子邮件、视频、微信等现代通信方式获取资料，开展基础核查工作，并待疫情结束再补充现场核查工作的，应当做好相关评估工作计划。对于开展基础核查工作后认为资产评估程序受限对评估结论不产生重大影响,并且确实亟须出具资产评估报告的,经委托人、有关监管部门和资产评估报告使用人同意,资产评估机构及其资产评估专业人员可以先行出具资产评估报告,待疫情结束后再开展现场核查工作,并在资产评估报告中对受限事项予以披露,提请资产评估报告使用人对未履行现场核查程序予以特别关注。